Ludwig III.

kleine bayerische biografien

herausgegeben von
Thomas Götz

STEFAN MÄRZ

Ludwig III.

Bayerns letzter König

Verlag Friedrich Pustet
Regensburg

Biografien machen Vergangenheit lebendig: Keine andere literarische Gattung verbindet so anschaulich den Menschen mit seiner Zeit, das Besondere mit dem Allgemeinen, das Bedingte mit dem Bedingenden. So ist Lesen Lernen und Vergnügen zugleich.
Dafür sind gut 100 Seiten genug – also ein Wochenende, eine längere Bahnfahrt, zwei Nachmittage im Café.
Wobei *klein* nicht leichtgewichtig heißt: Die Autoren sind Fachleute, die wissenschaftlich Fundiertes auch für den verständlich machen, der zwar allgemein interessiert, aber nicht speziell vorgebildet ist.
Bayern ist von nahezu einzigartiger Vielfalt: Seinen großen Geschichtslandschaften Altbayern, Franken und Schwaben eignen unverwechselbares Profil und historische Tiefenschärfe. Sie prägten ihre Menschen – und wurden geprägt durch die Männer und Frauen, um die es hier geht: Herrscher und Gelehrte, Politiker und Künstler, Geistliche und Unternehmer – und andere mehr.
Das wollen die KLEINEN BAYERISCHEN BIOGRAFIEN: bekannte Personen neu beleuchten, die unbekannten (wieder) entdecken – und alle zur Diskussion um eine zeitgemäße regionale Identität im Jahrhundert fortschreitender Globalisierung stellen. Eine Aufgabe mit Zukunft.

Dr. Thomas Götz, Herausgeber der Buchreihe, geboren 1965, studierte Geschichte, Germanistik und Philosophie. Er lehrt Neuere und Neueste Geschichte an der Universität Regensburg und legte mehrere Veröffentlichungen, vor allem zu Stadt und Bürgertum in Bayern und Tirol im 18., 19. und 20. Jahrhundert, vor. Darüber hinaus arbeitet er im Museums- und Ausstellungsbereich.

Inhalt

Prolog

Am Nachmittag des 7. November 1918 marschierten tausende aufgebrachte Demonstranten vor die Münchner Residenz. Die pfeifenden und skandierenden Massen schwenkten rote Fahnen, forderten einen sofortigen Friedensschluss und verlangten die Abdankung des Königs von Bayern. Nebelschwaden hatten sich seit dem Mittag über die Haupt- und Residenzstadt Bayerns gelegt, was die Bedrohlichkeit der Szenerie noch verstärkte. Im Königsbau der Residenz saß währenddessen der 73-jährige Monarch, König Ludwig III. von Bayern, resigniert bei zugezogenen Vorhängen. Sein Leibarzt hatte ihm – aus Angst, es könne ihn zu sehr aufregen – verboten, an die Fenster zu gehen, die auf den mit Demonstranten gefüllten Max-Joseph-Platz zeigten. Die wachhabenden Soldaten des Königlich Bayerischen Infanterie-Leib-Regiments wurden am Abend zum Abzug gedrängt, so dass das Stadtschloss ohne Schutz verblieb. Der seit fünf Jahren regierende Monarch ergriff an diesem Abend mit den anwesenden Mitgliedern seiner Familie die Flucht vor der drohenden Revolution.

Die politische Lage hatte den König seit Wochen beunruhigt. Echte Dramatik entwickelte sie jedoch erst, als ein vom Sozialisten Kurt Eisner angeführter Demonstrationszug am besagten 7. November von der Theresienwiese aus durch die Stadt zog und die Kasernen, den Hauptbahnhof und die Regierungsbauten stürmte. Noch am Abend wurde im Mathäserbräu ein Arbeiter- und Soldatenrat gebildet. Ein Rückzug aus München schien dem Monarchen nach Beratung mit seinen Ministern unumgänglich. Als Fluchtziel sollte Schloss Wildenwart am Chiemsee dienen. Ludwig III. sah in der überstürzten Abreise eine Sicherheitsmaßnahme bis zur Beruhigung der Lage. Er hatte einzig eine Zigarrenschachtel bei sich, was im Nachhinein Anlass zu allerlei Karikaturen bot. Geradezu sinnbildlich rutschte das Automobil des Königspaares bei dichtem Nebel in einen morastigen Acker in der Nähe Rosenheims. Schließlich erreichte man am frühen Morgen des 8. November den Chiemsee.

»Die Revolutionsnacht vor der Residenz.« – Karikatur zu Ludwig III. während der Geschehnisse am 7. November 1918.

Ebenso wie seine gleichnamigen Vorgänger sollte auch dieser König Ludwig vorzeitig den Thron räumen müssen. Während Ludwig I. im Jahr 1848 und Ludwig II. im Jahr 1886 nur ihre persönliche Herrschergewalt verloren, erlebte König Ludwig III. mit der Revolution des Jahres 1918 indes den Untergang der konstitutionellen Monarchie. Da die handstreichartige Überrumpelung der alten Gewalten in München auf erstaunlich große Akzeptanz stieß, wagte der Sozialist Kurt Eisner am 8. November 1918 die Ausrufung der Republik in Form des so genannten »Freistaats Bayern«.

Ludwigs Lebenszeit war geprägt vom Glanz der Monarchie und einer Phase der kulturellen Blüte, gleichzeitig jedoch von elementaren politischen, gesellschaftlichen, wirtschaftlichen und sozialen Brüchen. Zu nennen sind die Revolution von 1848, die rasante Industrialisierung, der Kulturkampf, soziale Missstände sowie der Machtgewinn von Parlamenten und Regierungen. Man denke an die Kriege unter bayerischer Beteiligung sowie an die Reichsgründung des Jahres 1871, die zwar eine lange Friedenszeit, aber auch eine fundamentale Veränderung der Machtarchitektonik bewirkte. Nicht zu vergessen ist die Königskatastrophe von 1886, die das Vertrauen in die Monarchie schwer erschütterte. Kurz nach Ludwigs Regierungsantritt im Jahr 1912 brach der Erste Weltkrieg aus, der erst mit der Revolution des Jahres 1918 sein Ende fand. Die wechselvolle und bisweilen tragische Lebensgeschichte Ludwigs III. wirft unzählige Fragen auf: Wer war dieser letzte König von Bayern? Welche politische Agenda verfolgte er, wie inszenierte und verstand er seine Herrschaft? Lag der Zusammenbruch der Monarchie in seiner Person begründet, oder doch eher in den Zeitumständen des verheerenden Weltkriegs? Hatte sich die Königsherrschaft möglicherweise ohnehin längst überlebt? Bestanden für den König nicht auch Chancen zur Erneuerung der Monarchie, die ungenutzt verstrichen? Erst der genaue Blick auf die Biografie des letzten Königs von Bayern schafft diesbezüglich Klarheit.

Heutzutage ist König Ludwig III. von Bayern in folkloristischer Verklärung unter der leicht spöttischen Bezeichnung »Millibauer« bekannt. Eine schillernde Figur wie einige seiner Vorgänger war er zugegebenermaßen nicht, hatte er doch weder außereheliche Affären wie sein königlicher Großvater Ludwig I., noch starb er einen geheimnisumwitterten Tod wie sein Vetter Ludwig II., der »Märchenkönig«. Ludwig III. wurde auch nicht dasselbe Maß an wissenschaftlicher Aufmerksamkeit zuteil wie einigen seiner Vorgänger auf dem bayerischen Thron. Seiner Biografie widmeten sich unter anderem Alfons Beckenbauer, Hans-Michael Körner und Hubert Glaser. Auf deren grundlegenden Arbeiten – sowie auf zahllosen weiteren Studien – fußt das vorliegende Buch.

»Der ältere Ludwig ist der gescheiteste,
sein Bruder Leopold der treuherzigste,
der jüngere Ludwig der schönste,
Otto der lieblichste.«
König Ludwig I.

1 Prinz aus königlichem Hause

Mitte der 1840er-Jahre wartete das bayerische Königshaus noch immer auf seine Enkelgeneration, welche die Thronfolge fortführen und den Bestand der Dynastie sichern sollte. König Ludwig I., der beinahe sein 60. Lebensjahr erreicht hatte, regierte seit etwa zwei Jahrzehnten. Kronprinz Maximilian (1811–1864), der älteste Sohn des Monarchen, war in seiner Ehe mit der preußischen Prinzessin Marie bislang noch ohne den erhofften Nachwuchs. Sein jüngerer Bruder Otto (1815–1867), der es zum König von Griechenland gebracht hatte, sollte in seiner Ehe gänzlich kinderlos bleiben. Luitpold (1821–1912), der drittälteste Sohn des Königs, hatte 1844 im Dom von Florenz Erzherzogin Auguste von Österreich geheiratet. Der naturbegeisterte Prinz gewann durch seine gesellige Art schnell die Herzen der Menschen. Seine Gattin, eine Tochter des Großherzogs von Toskana und Großnichte des Kaisers Franz I. von Österreich, wurde von der Bevölkerung ebenfalls geliebt. Die selbstbewusste und bildschöne Prinzessin sollte jedoch zeitlebens an einem Lungenleiden laborieren. Zur Freude der königlichen Familie kündigte sich im Hause Luitpold bald der erste Nachwuchs an. In den Mittagsstunden des 7. Januar 1845 kam in den Kurfürstenzimmern der Münchner Residenz ein Knabe zur Welt – und damit der erste königliche Enkel und potenzielle künftige Thronfolger Bayerns. In dessen Ahnentafel fanden sich etliche prominente Namen der Wittelsbacher, Habsburger, Wettiner und Bourbonen, etwa derjenige seiner Ur-Ur-Urgroßmutter Maria Theresia von Österreich.

Die Familie des Prinzen Luitpold: hintere Reihe (v. l.): Leopold, Luitpold und Ludwig; vordere Reihe: Therese, Auguste und Arnulf. – Fotografie, um 1855.

ZWEI PRINZEN NAMENS LUDWIG

König Ludwig I. unterhielt sich gerade mit seinem Hofarchitekten Friedrich von Gärtner an der Baustelle des Münchner Siegestores, als er die Nachricht erhielt, die Geburt seines Enkels sei glücklich verlaufen, der Prinz sei *»wohl gebildet [...] und gesund«*. Am Tag nach der Geburt sollte die Taufe stattfinden. Die Namensgebung begeisterte den königlichen Großvater, der zugleich auch Taufpate war: *»Der jüngste Wittelsbacher wird heute um drei Uhr im Thronsaal, umgeben von zwölf Standbildern ausgezeichneter Ahnen, in der heiligen Taufe den Namen Ludwig erhalten.«* Die feierliche Zeremonie wurde vom Erzbischof von München und Freising, Lothar Anselm von Gebsattel, durchgeführt. Der Prinz sollte mit vollem Namen Ludwig Leopold Joseph Maria Aloys Alfred heißen. Geladen waren neben dem diplomatischen Corps mit Gattinnen auch der gesamte Hofstaat sowie das Offizierscorps.

Kurze Zeit später jedoch schien es, dass der Prinz die Krone wohl doch niemals erben würde: Das bislang kinderlose Kronprinzenpaar Maximilian und Marie erwartete, nachdem sich bei der Kronprinzessin Anfang 1845 erste Anzeichen einer Schwangerschaft eingestellt hatten, im Sommer ebenfalls Nachwuchs. Marie wurde am 25. August von einem Sohn entbunden, der ebenfalls auf den Namen des königlichen Großvaters getauft wurde: Ludwig. Dieser Prinz, der in der Thronfolge näher an der Krone stand als sein einige Monate zuvor zur Welt gekommener gleichnamiger Vetter, sollte als »Märchenkönig« Ludwig II. (1845–1886) in die Geschichte eingehen.

Für die Familie des Prinzen Luitpold war die Krone wieder in weite Ferne gerückt. Es sah im Jahr 1845 so aus, als würde die Erbfolge der Wittelsbacher von König Ludwig I. auf seinen Sohn Maximilian, dann auf dessen Sohn Ludwig und eines Tages auf dessen künftige Nachkommen übergehen. Prinzessin Auguste war sich bewusst, was die Geburt ihres Neffen für ihren eigenen Sohn bedeutete. Der Hofsekretär Freiherr von Pfistermeister erzählte später, die ehrgeizige Prinzessin habe ihr Kind aus der Wiege geholt und ihm enttäuscht gesagt: *»Ludwig, bisher warst du etwas, jetzt bist du nichts mehr.«* Aus dem Prinzen wurde schließlich wider Erwarten doch noch ein König von Bayern: Ludwig III. Er sollte den Thron allerdings erst im Jahr 1913 besteigen.

KINDHEIT UND ERZIEHUNG

Die Eltern des Prinzen Ludwig bekamen noch drei weitere gesunde Kinder: Leopold (1846), Therese (1850) und Arnulf (1852). Das Kronprinzenpaar freute sich ebenfalls über erneuten Nachwuchs, als Prinz Otto (1848) geboren wurde. Der Großvater Ludwig I. wagte 1850 in einem Brief eine Charakteristik seiner Enkel: *»Der ältere Ludwig ist der gescheiteste, sein Bruder Leopold der treuherzigste, der jüngere Ludwig der schönste, Otto der lieblichste.«* Die Kindheits- und Jugendjahre der Prinzen und der Prinzessin verliefen parallel. Das ausgesprochen strenge Erziehungsprogramm war auf christliche und bürgerliche Tugenden, auf Bescheidenheit, Sparsamkeit und Demut gegenüber ihrer herausgehobenen Stellung ausgerichtet. Unterrichtet wurden die Prinzen durch Hauslehrer und abgeordnete Gymnasial- und Universitätsprofessoren. Vom Jahr 1852 bis zum Jahr 1863 war der hauptsächliche Hauslehrer des Prinzen Ludwig und seines Bruders Leopold der Artillerieoffizier Ferdinand Ritter von Malaisé (1806–1892). Ab 1855 kam Heinrich von Vallade zur Unterstützung hinzu.

Ludwigs Bruder Leopold

1846 wurde Prinz Leopold geboren, der später die österreichische Kaisertochter Gisela heiratete. Der Brautvater schenkte dem Paar ein Palais an der Schwabinger Straße, die später in Leopoldstraße umbenannt wurde. Die beiden hatten vier Kinder. Der Prinz schlug eine Laufbahn in der bayerischen Armee ein, die ihn schließlich bis in die Generalität aufsteigen ließ. Leopold zeichnete sich derart aus, dass er zum Generalinspekteur der IV. Armee-Inspektion und am 1. Januar 1905 zum Generalfeldmarschall ernannt wurde. Der Prinz unternahm zudem mehrere Reisen in die afrikanischen Kolonien und bildete sich wissenschaftlich weiter. Im Ersten

Weltkrieg wurde er Armeeführer an der Ostfront und schließlich Nachfolger Paul von Hindenburgs als Oberbefehlshaber Ost. Von seinem Generalstabschef wurde der Prinz als passionierter Soldat, leidenschaftlicher Jäger und Reiter und als der letzte Grandseigneur, den er kennengelernt habe, beschrieben. Der preußische Generalleutnant Franz von Lenski erinnerte sich in ähnlicher Weise: *»Fast immer guter Laune, ein angenehmer Plauderer oder fesselnder Erzähler, wie es traf. [...] Und wie viel Humoristisches wusste er einzuflechten, denn sein Sinn für Humor war stark entwickelt.«*

Insbesondere in der luitpoldinischen Familie wurde bei der Ausbildung großer Wert auf Gehorsam und körperliche Ertüchtigung gelegt. In seinen Tagebuchaufzeichnungen notierte Ludwigs jüngerer Bruder Leopold, *»dass das Militärische in der ganzen Erziehungsmethode von vorwiegendem Einfluss war«.* Auf individuelle Veranlagungen wurde hierbei wenig Rücksicht genommen. Über die charakterliche Erziehung und das Bildungsprogramm der Kinder wachte vor allem die Mutter Auguste. Die lebhafte und willensstarke Italienerin setzte sich mit Hingabe für ihre Kinder ein und schreckte nicht vor Konventionsbrüchen zurück. Die Fächer Mathematik, Deutsch, Geschichte, Geografie, Religionslehre, Französisch, Italienisch, Latein und Neugriechisch nahmen einen Großteil des Stundenplans ein. Die Charakterisierung Ludwigs durch seinen königlichen Großvater als *»der gescheiteste«* seiner Enkel sollte sich bewahrheiten, da dieser mit großem Fleiß daran ging, sein Wissen zu mehren. Der Unterricht der Prinzen umfasste allerdings kaum Kunst und Literatur. Romane wurden aus der Bibliothek der Söhne Luitpolds und Augustes verbannt, Sachbücher hingegen besonders empfohlen.

Im Gegensatz zu Großvater und Vater entwickelte Ludwig nur wenig Sinn für Kunst. Ein Zeitgenosse urteilte später etwas harsch über ihn: *»Musik war ihm ein ruhestörender Lärm, Gemälde kaufte er zwar pflichtgemäß, ohne sich jedoch daran zu erfreuen, auf den Dichter blickte er, wie ich glaube, mit gelinder Verachtung her-*

ab.« Aufgrund seiner manchmal schroffen, sturen und unzufriedenen Art gestaltete sich die charakterliche Erziehung Ludwigs schwieriger als die seiner Geschwister. Pädagogische Fehlschläge des ältesten Sohnes führte seine Mutter vor allem auf dessen Energielosigkeit und Verschlossenheit zurück. Mit Sorge betrachtete Prinzessin Auguste die Entwicklung ihrer Kinder: *»Mein Vater ist unschlüssig, mein Mann ist unschlüssig, ja was soll denn daraus werden, wenn diese Eigenschaft sich bei meinen Kindern verdoppelt?«* Aus diesem Grund legte sie größten Wert auf die Anleitung Ludwigs, Leopolds, Thereses und Arnulfs zum eigenständigen und entschlossenen Handeln.

Die Gelehrte: Prinzessin Therese

Das drittgeborene Kind Luitpolds und Augustes, Prinzessin Therese, kam 1850 in München zur Welt. Sie beschrieb sich selbst als mutig, entschlossen, *»ein scharf umrissener Charakter, eine durchaus selbstständige Natur«*. Die Prinzessin war elf Sprachen in Wort und Schrift mächtig. Ihr für eine Frau dieser Zeit ungewöhnliches politisches Interesse konzentrierte sich sowohl auf die Innenpolitik als auch auf die orientalische Frage. Von Kindheit an legte sie, ebenso wie ihr Bruder Ludwig, eine Leidenschaft für die Wissenschaft an den Tag. Sie publizierte – anfangs noch unter dem Pseudonym »Th. v. Bayer« – etwa 20 naturwissenschaftliche Werke. Unter anderem führten sie ihre Studien, die ihr einen ernstzunehmenden Ruf als Naturwissenschaftlerin und Forscherin einbrachten, durch Russland, ins Polargebiet, nach Brasilien, Mexiko, Nordamerika, Kanada, Nordafrika und Kleinasien. Die Autodidaktin erhielt durch wissenschaftliche Vereinigungen in ganz Europa Anerkennung und wurde Ehrenmitglied der Bayerischen Akademie der Wissenschaften. Die Ludwig-Maximilians-Universität München verlieh Therese im Dezember 1897 als erster Frau die Ehrendoktorwürde. Nach dem Tod ihres Vaters erfüllte die Prinzessin sich den Wunsch, *»einen kleinen Gelehrtenkreis um* *[sich] zu sammeln, den bescheidenen Mittelpunkt einer geistig anregenden Gesellschaft zu bilden«.* Im Winter 1913/14 lud sie regelmäßig Münchner Gelehrte zum wissenschaftlichen Austausch zu sich. Den Großteil der Zeit verbrachte Therese, die zeitlebens unverheiratet blieb, in der Villa Amsee in Lindau.

Der Tagesablauf war streng reguliert. Um fünf Uhr morgens wurden die jungen Königlichen Hoheiten geweckt und hatten eine halbe Stunde Zeit für die Morgentoilette. Danach stand eine zweistündige Lerneinheit an, auf welche das Frühstück folgte. Ab acht Uhr wurde bis zum Mittagessen nach vorgegebenem Stundenplan Unterricht erteilt, danach wieder Selbststudium, nur von einem Spaziergang unterbrochen. Die Hauptmahlzeit der Familie fand nachmittags um vier Uhr statt. Im Anschluss wurden die Hausaufgaben erledigt. In ihrer spärlichen Freizeit vergnügten sich Prinz Ludwig und seine Geschwister Leopold, Therese und Arnulf gemeinsam, etwa im »Prinzengärtchen« des Nymphenburger Schlossparks. Wie Prinzessin Therese später berichtete, teilte sie die Interessen ihrer drei Brüder und liebte es, mit ihnen *»Soldaten, Festungsbelagerungen, Laufspiele«* zu spielen. Die vier Kinder verbrachten auch Zeit mit den beiden Vettern Ludwig und Otto. Es wird jedoch berichtet, dass dies nicht immer harmonisch ablief und schon damals erste Rivalitäten zwischen den Söhnen Prinz Luitpolds und ihren Cousins zutage traten. Die Urlaubszeit wurde in Hohenschwangau oder in der Villa Amsee bei Lindau verbracht. Prinz Luitpold hatte das letztere Gut für seine Familie erworben, da er hoffte, das milde Klima am Bodensee würde der Gesundheit seiner lungenkranken Ehefrau Auguste zugute kommen.

Das Nesthäkchen: Prinz Arnulf

Der jüngste Bruder Ludwigs, Prinz Arnulf, wurde 1852 geboren. Mit seiner Schwester Therese war er zeitlebens sehr eng verbunden. Diese bezeichnete ihn wiederum als ihren Lieblingsbruder. Arnulf heiratete im April 1882

Prinzessin Therese von Liechtenstein, eine Tochter des Fürsten Alois II. Diese Verbindung war in finanzieller Hinsicht ebenso lukrativ wie die Ehen seiner beiden älteren Brüder. Das Paar bezog den zweiten Stock des Wittelsbacher Palais an der Brienner Straße in München. Der einzige Sohn aus dieser Ehe sollte der 1884 geborene Prinz Heinrich sein. Arnulf absolvierte – ebenso wie sein Bruder Leopold – eine glänzende militärische Karriere, die ihn zum Kommandierenden General des I. Bayerischen Armee-Korps, zum Generalobersten sowie zum Generalfeldmarschall aufsteigen ließ. Die Kaserne des von ihm befehligten Königlich Bayerischen Infanterie-Leib-Regiments an der Türkenstraße in München wurde nach ihm »Prinz-Arnulf-Kaserne« benannt. Arnulf übernahm wie seine Geschwister repräsentative Aufgaben, etwa die Vertretung des Königshauses beim Begräbnis der Königin Victoria von England im Jahr 1901. Er bereiste nach seiner 1903 beendeten Karriere als Berufsoffizier zentralasiatische Länder und sprach unter anderem Russisch. Im November 1907 starb Arnulf gerade einmal 55-jährig in Venedig an einer Lungenentzündung. Das Tagebuch seiner letzten Jagdexpedition nach Turkestan wurde von seiner Schwester Therese posthum veröffentlicht.

ABDANKUNG DES GROSSVATERS

Im Frühjahr 1848 dankte König Ludwig I. infolge der revolutionären Forderungen nach mehr Demokratie und geschwächt durch den bereits seit zwei Jahren schwelenden Skandal um Lola Montez ab. Gegen seine Überzeugung vom Wesen der Monarchie gab er als letzte große politische Handlung den liberalen Anliegen seiner revoltierenden Untertanen nach und gewährte nicht nur Pressefreiheit und die Ministerverantwortlichkeit vor dem Landtag, sondern auch ein verbessertes Wahlgesetz und das Recht des Landtags zu Gesetzesinitiativen. Als bloßer »Unterschreibkönig« zu dienen, konnte sich Ludwig nicht vorstellen. Seine Abdikation am 20. März 1848

Das Palais Leuchtenberg am Münchner Odeonsplatz

machte Kronprinz Maximilian vorzeitig und völlig überraschend zum König. Ebenso wie sein Vater wollte sich Max II. aber nicht mit den weitgehenden demokratischen Zugeständnissen abfinden und versuchte seine gesamte Regierungszeit über, diese zumindest teilweise zu revidieren. Es sollte ihm jedoch nicht gelingen, den wachsenden Einfluss der Regierung und der zweiten Kammer des Parlaments einzudämmen.

Nach seiner Thronbesteigung nahm König Max II. mit seiner Familie Wohnung in der Residenz. Während sein Sohn – der spätere König Ludwig II. – damit im Alter von zweieinhalb Jahren zum Kronprinzen von Bayern aufstieg, musste dessen gleichnamiger älterer Vetter hingegen aus den Kurfürstenzimmern der Residenz ausziehen.

Prinz Luitpolds Familie siedelte 1852 in den zweiten Stock des Wittelsbacher Palais an der Brienner Straße über, in welchem auch Ludwig I. nach seiner Abdankung eine Wohnung bezogen hatte. Der nun siebenjährige Prinz Ludwig – der spätere Ludwig III. – war überglücklich, wieder mehr Zeit mit dem geliebten Großvater verbringen zu können. Im Sommer 1854 erwarb Luitpold für seine mittlerweile sechsköpfige Familie schließlich das Palais Leuchtenberg am Münchner Odeonsplatz. Ludwig war zum Zeitpunkt der Abdankung seines Großvaters gerade erst drei Jahre alt gewesen. Wenngleich er die politischen Ereignisse der Revolutionszeit von 1848/49 noch nicht bewusst erlebt hatte, wurde sein späteres Wirken dadurch nachhaltig geprägt. Eine konstitutionell-reaktionäre Agenda, die im Beharren auf dem monarchischen Prinzip, dem Gottesgnadentum sowie den verfassungsmäßigen Kompetenzen des Monarchen bestand, sollte für ihn zeitlebens bestimmend bleiben. Gleichzeitig sollte sich bei Ludwig das in der Furcht vor einer Revolution begründete Bemühen um Popularität im Volk überdeutlich ausprägen.

EINE JUGEND VOLLER REVOLUTIONSERFAHRUNGEN

Das Lungenleiden der Mutter Auguste verschlechterte sich in den 1850er-Jahren zunehmend; daher reiste sie im Winter 1854/55 mit ihren vier Kindern nach Italien. Der fast zehnjährige Ludwig, der bald neunjährige Leopold, die vierjährige Therese und der zweijährige Arnulf kamen auf diese Weise in den Genuss von fürstlichen Verwandtenbesuchen, etwa bei Herzog Franz V. und Herzogin Adelgunde von Modena sowie in Florenz bei ihrem Großvater Leopold II., dem Großherzog von Toskana. Zu diesem Zeitpunkt war noch nicht zu erahnen, dass beide Häuser in nur fünf Jahren ihre Throne verlieren würden und die Souveränität ihrer Staaten im Zuge der italienischen Einheitsbewegung untergehen sollte. Während des fast halbjährigen Aufenthalts in Florenz gewann Ludwig tiefe Einblicke in die eigene Familiengeschichte, die sein leidenschaftlich-ablehnendes Urteil über das »Risorgimento«, das 1861 zur Gründung des Königreichs Italien führte, vorzeichneten.

Wenige Monate nach Ludwigs 17. Geburtstag stand eine Reise an, die sich als abenteuerlich erweisen sollte: Sein Onkel Otto, der als König von Griechenland abgewirtschaftet hatte und trotz der Gewährung einer Verfassung mit der Gefahr einer Revolution rechnen musste, verfügte über keinen Thronerben. Aus diesem Grund war die erbberechtigte Fami-

Prinz Ludwig als 15-Jähriger in Jägertracht. – Fotografie, 1860.

lie des Prinzen Luitpold daran interessiert, die Möglichkeiten einer Nachfolge auf dem griechischen Thron auszuloten. Prinz Luitpold selbst winkte zwar dankend ab, sandte aber seine beiden Söhne Ludwig und Leopold im Februar 1862 zum griechischen Königspaar. Über Wien, wo Kaiser Franz Joseph I. die beiden Prinzen empfing, ging es nach Triest, von wo aus Ludwig und Leopold mit einem Raddampfer in Richtung Korfu fuhren.

Kurz vor der Ankunft wurde der Dampfer von einem griechischen Kanonenboot gestoppt. Der Erste Sekretär der bayerischen Botschaft in Athen kam an Bord und erklärte, eine Revolution sei im Gange und eine Weiterfahrt der beiden Prinzen empfehle sich nicht. Der nächste planmäßige Dampfer brachte Ludwig und Leopold wieder nach Hause. Die Geschehnisse des Frühjahrs 1862 sollten sich zwar nur als Strohfeuer erweisen, im Herbst desselben Jahres jedoch verlor König Otto nach einer Militärrevolte endgültig seinen Thron und wurde ins Exil getrieben. Der dänische Prinz Wilhelm von Schleswig-Holstein-Sonderburg-Glücksburg übernahm als Georg I. schließlich die Krone Griechenlands.

Der 17-jährige Prinz Ludwig schloss das griechische Thronfolgethema ab, indem er die ungeliebte neugriechische Grammatik in die Ecke pfefferte. Fünf Jahre später verzichtete er zugunsten seines Bruders Leopold formell auf die griechischen

Thronrechte.

Mit dem Erreichen des 18. Lebensjahrs wurde Ludwig am 7. Januar 1863 von seinem königlichen Onkel Max II. der Hubertusorden verliehen. Dieser höchste Orden des Königreiches wurde in der Regel nur an regierende Fürsten und deren Familienmitglieder vergeben. Auch die beiden exilierten Ex-Herrscher Otto von Griechenland und Leopold II. von Toskana hefteten Großkreuze an die Brust des Prinzen.

STUDIENJAHRE

Im Wintersemester 1862/63 hatte sich Prinz Ludwig im Alter von 17 Jahren an der königlichen Ludwig-Maximilians-Universität in München immatrikuliert. Seine schon zuvor aufgefallene enorme Wissbegierde fiel dort auf fruchtbaren Boden. Er hörte Vorlesungen über Philosophie, Geschichte, Rechtswissenschaft, Volkswirtschaft und Kunstgeschichte. Mit Unterbrechungen verfolgte er sein Studium bis 1865, dann belegte er erneut ab dem Wintersemester 1866/67 Universitätskurse. Für die Münchner Bevölkerung musste es ausgesprochen ungewohnt erscheinen, dass ein königlicher Prinz vom Odeonsplatz die Ludwigstraße entlang zur Universität spazierte. Ludwigs Großvater hatte die Professoren einst noch zu Hause empfangen, sein Vater war ebenfalls in der Wohnung von Hochschullehrern unterwiesen worden. Prinz Ludwig nahm hingegen ohne Inanspruchnahme von Privilegien ein gewöhnliches Studium auf und erwies sich als ausgesprochen fleißiger Student, der nie eine Vorlesung schwänzen sollte. Seine profunde Kenntnis vieler Fachgebiete wurde später von zahllosen Gesprächspartnern bestaunt.

Ludwigs Studienfächer waren natürlich durch den Grundsatz bestimmt, dass sie den Prinzen auf zukünftige Aufgaben vorbereiten sollten. Rechtswissenschaftliche Vorlesungen hörte er unter anderem beim hochangesehenen Professor Hieronymus Johannes Paul von Bayer, welcher die Universität in der Kammer der Reichsräte vertrat. Zudem standen Rechtsgeschichte, Kirchenrecht und römisches Zivilrecht auf dem Programm, ebenso wie die Geschichte der bayerischen Verwaltung.

Die Prinzen Ludwig (l.) und Leopold. – Fotografie, um 1861.

Letztere wurde zu Studienzeiten Ludwigs an der LMU durch Joseph von Pözl gelehrt, der im Jahr 1863 zweiter Präsident der Kammer der Abgeordneten wurde. Philosophische Vorlesungen hörte der Prinz bei Johann Nepomuk Huber und Philipp Moritz Carrière. Sein wissenschaftliches Hauptinteresse richtete sich einerseits auf die Volkswirtschaftslehre, die von Friedrich Benedikt von Hermann gelehrt wurde, sowie andererseits auf die Agrikultur. Forstwirtschaft, Tierzucht und Agrochemie sollten den späteren Landwirt fesseln. Die Vorlesungen des Chemikers Justus von Liebig besuchte der Prinz sehr gerne und ließ sich dabei für Kunstdünger begeistern. Kulturgeschichte und Geschichte waren ebenfalls Teil seiner wissenschaftlichen Ausbildung.

THRONBESTEIGUNG LUDWIGS II. UND TOD DER MUTTER

Das Frühjahr 1864 sollte für den nunmehr 19-jährigen Prinzen Ludwig große Veränderungen mit sich bringen. Am 10. März verstarb König Max II., der bereits seit längerem gekränkelt hatte. Prinz Ludwigs gleichnamiger Vetter, mit dem ihn ein schwieriges Verhältnis verband, erbte mit dem Tod seines Vaters als Ludwig II. den Thron. Der neue Herrscher war erst 18 Jahre alt und völlig unvorbereitet, was diese Aufgabe anbelangte. Er hatte – abgesehen von einer allgemeinen Gymnasialausbildung und einem soeben erst begonnenen Studium – keinerlei Vorbereitung auf das Monarchenamt erhalten. Weder im Staatsrecht, noch in der Volkswirtschaft oder in politischer Theorie war der junge König ausgebildet, zudem brachte er keinerlei militärische Führungskenntnisse mit. Diplomatische Geschicklichkeit oder Auslandserfahrung fehlten ihm ebenso wie Menschenkenntnis. Da der unerfahrene König zugleich Familienoberhaupt mit umfassenden Entscheidungsvollmachten wurde, sahen vor allem seine eigenen Familienmitglieder der Zukunft mit Sorge entgegen. Insbesondere für den luitpoldinischen Zweig war die Situation unbefriedigend. Ungeachtet aller Skepsis, die ihm entgegenschlug, zog Ludwig II. die Bevölkerung durch sein gutes Aussehen und seine würdevolle Haltung bald in seinen Bann.

Der Tod Max' II. sollte in diesen Tagen nicht der einzige Schicksalsschlag für das bayerische Königshaus bleiben. Nur wenige Wochen später verstarb Prinzessin Auguste, die Gattin des Prinzen Luitpold. Schon seit einigen Jahren hatte sie aufgrund ihrer tuberkulosegeschwächten Lunge immer wieder mit Fieberanfällen und akuter Atemnot zu kämpfen gehabt. An ihrem Sterbetag, dem 26. April 1864, rief sie frühmorgens um drei Uhr die Familie zum Abschied zu sich. Zu Grabe getragen wurde die äußerst beliebte Prinzessin in der Münchner Theatinerkirche. Der 19-jährige Prinz Ludwig war tief getroffen vom frühen Tod der Mutter, für die er eine schwärmerische Anhänglichkeit entwickelt hatte. Er, sein Vater Luitpold und seine drei Geschwister Leopold, Therese und Arnulf mussten lernen, künftig ohne die geliebte Mutter zurechtzukommen.

MILITÄRISCHE FEUERTAUFE

Obgleich er als Prinz nicht unter die Wehrpflicht fiel, hatte Ludwig im Alter von gerade einmal 16 Jahren den Militärdienst angetreten. Am 50. Geburtstag des Königs Max II. war der Prinz gleichzeitig mit seinem Bruder Leopold am 28. November 1861 als Leutnant in die bayerische Armee eingetreten. Stationiert wurde er im 6. Jägerbataillon in München. Der eigentliche Dienst begann für ihn allerdings erst zwei Jahre später.

Ein leidenschaftlicher Soldat wie seine jüngeren Brüder wurde Ludwig jedoch nie. Leopold und Arnulf sollten, ebenso wie der Vater, rasante Militärkarrieren hinlegen, die sie bis in die Generalität aufsteigen ließen. Die Berufswahl hatte neben Prestigegründen auch finanzielle Ursachen, denn nicht alle Prinzen hatten Anspruch auf Versorgung.

Ludwigs militärische Feuertaufe sollte im Alter von 21 Jahren stattfinden. Unter seinem Vetter Ludwig II. nahm Bayern als Bundesgenosse Österreichs im Jahr 1866 am Krieg gegen das übermächtige Preußen teil, das die Vorherrschaft innerhalb Deutschlands anstrebte. In dieser Auseinandersetzung standen alle süddeutschen Staaten, aber auch Sachsen und Hannover an Österreichs Seite. Prinz Ludwig diente im Divisionsstab seines Vaters.

Am 3. Juli 1866 fiel in der Schlacht von Königsgrätz die Kriegsentscheidung zugunsten Preußens. In den folgenden Wochen verstrickten sich die bayerischen Truppen während des so genannten Mainfeldzugs in Rückzugsgefechte. Bei Helmstadt, westlich von Würzburg, richtete die 3. bayerische Division unter dem Kommando von Prinz Luitpold eine Verteidigungsstellung ein. Als die herannahenden preußischen Truppen am 25. Juli eintrafen, verloren die Bayern im Waldgelände den Zusammenhalt. Ludwig versuchte, die Soldaten zum Standhalten zu beschwören, und geriet selbst in die Gefechtslinie. Dabei wurde er durch einen Gewehrschuss in den linken Oberschenkel schwer verletzt und lag einige Zeit bewusstlos und blutend auf dem Schlachtfeld. Ludwigs lebenslange preußenkritische Einstellung lässt sich wohl auch auf diese Erfahrung zurückführen. Erst beim Rücktransport auf den Verbandsplatz wurde der verwundete Prinz erkannt. Da die Ärzte vergeblich nach der Bleikugel in seinem Bein suchten, behielt Ludwig das preußische Andenken dauerhaft. Die Heilung dauerte mehrere Monate und sollte nie vollständig abgeschlossen sein: Infolge der Verwundung zog er zeitlebens sein linkes Bein nach. Das dem Prinzen nach der Verwundung verliehene Ritterkreuz Erster Klasse des bayerischen Militärverdienstordens sowie die Beförderung zum Hauptmann waren ein schwacher Trost.

»Das Haus Wittelsbach gehörte nicht zu den reichen Dynastien, und die Familie ist groß. Man musste sparsam leben.«
Franz Blei: Erzählung eines Lebens

2 Familie und Privatleben

CHARAKTERISIERUNGEN

Prinz Ludwig bemerkte über sich selbst: *»[I]ch für meine Person habe nur sehr einfache Bedürfnisse und will nichts für mich.«* Der Prinz, der mit höfischer Etikette und militärischer Repräsentation wenig anzufangen wusste, wurde vielfach als ein Mann von großen Geistesgaben und praktischer Veranlagung beschrieben. Zugleich beurteilten Zeitgenossen und Historiker seine in Teilen problematische und widersprüchliche Persönlichkeit sehr unterschiedlich. Ihm wurde neben positiven Attributen auch ein ausgesprochener Eigensinn attestiert, der sich bisweilen in Jähzorn sowie in übertriebener Sparsamkeit äußerte. Die Bandbreite der Charakterisierungen reicht von der Bewunderung für einen vermeintlichen *»Bürgerkönig«* bis hin zum Spott über den nachlässig gekleideten *»Ludwig, den Vielfältigen«*, und den für die Landwirtschaft begeisterten *»Millibauern«*. Hans-Michael Körner charakterisierte ihn als *»bürgerlich-zivil und ausgesprochen unmilitärisch, ökonomisch-pragmatisch und entschieden katholisch, unprätentiös, unspekulativ, gefühlsmäßig der großdeutschen Idee und Habsburg zugewandt«*.

Hermann Rumschöttel hingegen würdigte Ludwigs *»bemerkenswertes Verständnis für die Wandlungen, die einen Epochenübergang bewirkten. Die Entwicklungen spiegeln sich geradezu in seiner politischen Biografie.«* Er sei *»ein bürgerlich-friedlicher Mann«* gewesen, lautete das Urteil Karl Alexander von Müllers, der ihn als *»nüchtern, ruhig, verständig, gerecht, bürgerlich-einfach in seinen Gewohnheiten und Ansichten, [einen] sparsamen Haushälter, vollständig unrhetorisch, pflichtgetreu, vom besten*

Ludwig in Zivil mit Zigarre. – Fotografie, 1880.

Willen erfüllt« darstellte. Hubert Glaser befand gar, man sehe sich versucht, in Ludwig *»das Profil eines Mustermonarchen«* zu erkennen, der *»feste Grundsätze hat und einen Sinn für praktische Politik, […] das Bild eines selbstbewussten und redegewandten, gestandenen Mannes, der seine eigenen Unternehmen erfolgreich zu führen weiß und der vor der parlamentarischen Arbeit nicht zurückscheut«*.

Bei Dieter Albrecht findet sich die Einschätzung, Ludwig sei *»bekannt geworden als kenntnisreicher, verbindlicher, etwas schwerfälliger, biederer, mehr aufs Praktische gerichteter Mann, dessen Interessen vor allem Fragen der wirtschaftlichen Entwicklung Bayerns […] und der Landwirtschaft, die er selbst betrieb, galten«*. Benno Hubensteiner befand kritisch, Ludwig sei *»schwerfällig«* erschienen und habe die Herzen der Menschen nicht so erobern können, wie es seinem grandseigneurhaften Vater gelungen sei. Wolfgang Zorn äußerte abfällig, Ludwig habe das Auftreten eines alten Universitätsprofessors besessen und sei ein *»fast spießbürgerlich einfacher Mann«* gewesen. Kriegsminister von Hellingrath hingegen vermerkte in seinen Memoiren, manch absprechendes Urteil über den *»bürgerlich einfachen, knausernden«* Ludwig werde allerdings *»durch so viele Lichtseiten gemildert, dass das Gesamtbild […] kaum verdunkelt wird«*.

HEIRAT MIT ERZHERZOGIN MARIE THERESE

Im Alter von 22 Jahren lernte Prinz Ludwig zu Pfingsten 1867 in Wien die 18-jährige Marie Therese von Österreich-Este (1849–1919), Prinzessin von Modena, kennen. Der Vater dieser Erzherzogin aus einer Nebenlinie des kaiserlichen Hauses Habsburg-Lothringen war bereits früh verstorben, daher hatte ihr Onkel Franz V., der letzte Herzog von Modena, die Vormundschaft für sie übernommen. Als Marie Therese Ludwig begegnete, war sie allerdings dem Großherzog Ferdinand von Toskana versprochen. Da sich der Prinz und die junge Erzherzogin dennoch ineinander verliebten, reiste Ludwigs Vater Luitpold im August nach Salzburg, um bei dem empörten Vormund die Wogen zu glätten. Glücklicherweise war dessen Ehegattin eine jüngere Schwester Prinz Luitpolds, daher gelang die Schlichtung recht reibungslos.

Im Oktober 1867 wurde schließlich die Verlobung von Prinz Ludwig und Erzherzogin Marie Therese offiziell bekannt gegeben. Pikanterweise geschah dies gerade einmal zwei Wochen nach dem endgültigen Scheitern einer anderen Wittelsbacher Verlobung – derjenigen König Ludwigs II. mit der Herzogin Sophie in Bayern.

Die Braut brachte zwei Güter mit in die Ehe: Sárvár bei Steinamanger in Ungarn sowie den Besitz Eiwanowitz in Mähren. Zudem konnte das Paar im Jahr 1875 das ehemalige oettingen-wallersteinsche Schloss Leutstetten in der Nähe Starnbergs erwerben, welches zum ständigen Sommersitz wurde. Marie Therese war nicht nur in finanzieller Hinsicht eine äußerst gute Partie, sondern auch aufgrund ihrer Herkunft. Die Habsburgerin stammte in direkter Linie von den Stuarts ab. Daher wurde sie von den schottischen Jakobiten als legitime Königin betrachtet, obgleich die englische Thronfolgeakte katholische Nachkommen vom Thron ausschloss. Angeblich wurde ihr alljährlich ein Blumenbouquet aus weißen Rosen zur Erinnerung an den Krieg der »Weißen Rose« Maria Stuart gegen die »Rote Rose« Elisabeth Tudor gesandt. Marie Therese beanspruchte den englischen Thron jedoch nie öffentlich.

Ludwig und Marie Therese kurz nach ihrer Hochzeit. – Fotografie, um 1868.

Die glänzende Hochzeitsfeier wurde am 20. Februar 1868 in Gegenwart von Kaiser Franz Joseph I. und Kaiserin Elisabeth von Österreich in Wien gefeiert. Ludwig ging durch die Ehe eine enge Verbindung mit dem Haus Habsburg ein. Die Umstände der Vermählung lassen auf eine Liebesheirat schließen, und auch aus der jahrzehntelangen Korrespondenz des Paares wird das große gegenseitige Verständnis deutlich. Gleichzeitig untermauerte die Verbindung Ludwigs »großdeutsche« politische Orientierung.

Als das Hochzeitspaar in München eintraf, wurde auf einen großen Empfang verzichtet, da der abgedankte König Ludwig I., der sich in Nizza befand, in diesen Tagen im Sterben lag. Daneben kam es bei der geplanten Vorstellung in der Residenz zu Verstimmungen: Der regierende Vetter, König Ludwig II., ließ sich wegen einer Erkrankung entschuldigen. Dies war nicht nur eine Zurschaustellung der Abneigung des Königs gegen die luitpoldinische Verwandtschaft, sondern drückte auch aus, dass der Monarch die wittelsbachisch-habsburgische Liaison politisch für inopportun hielt.

DAS MUSTER EINER GEMAHLIN UND HAUSFRAU

Marie Therese fehlten das Interesse für Politik und der Drang zur Repräsentation gänzlich. Sie galt als wenig modisch und lebte ebenso wie ihr Ehemann ohne besondere Ansprüche. Innerhalb der königlichen Familie erfreute sie sich großer Beliebtheit, nicht zuletzt aufgrund ihrer herzlichen Art. In Zeitungsartikeln wurde die gebürtige Habsburgerprinzessin meist als *»das Muster einer deutschen Ehefrau und Hausfrau«* mit einem etwas hausbackenen Image dargestellt. Marie Therese übernahm das Protektorat über den Münchner »Künstlerinnen-Verein« und über die »Katholische weibliche Jugend«. Für sie waren jedoch vor allem Fragen der Wohlfahrt wichtig. So hatte sie ab 1890 das Protektorat über den »Bayerischen Frauenverein vom Roten Kreuz« inne, der neben dem Bayerischen Landeshilfsverein vom Roten Kreuz die freiwillige Krankenpflege trug. Ebenso stand sie dem »Witwen- und Waisen-Unterstützungsverein« vor.

Die Malerei war Marie Thereses liebste private Beschäftigung. Unter anderem wurde sie in dieser Kunst durch Franz von Lenbach und Adolf Zimmermann unterwiesen. Wiederholt stiftete sie eigene Werke für wohltätige Zwecke. Ihre besondere Vorliebe galt jedoch der Natur: Sie unternahm häufig längere Wander- und Klettertouren in den Bergen. Daneben wurde sie in Botanik durch die Münchner Professoren Engler und Weiß unterrichtet. An der Universität hörte sie zudem Vorlesungen bei Professor Dingler. Eines der Themen war »Unsere Hochgebirgsregionen und die Pflanzencultur«. Darüber hinaus betätigte sich Marie Therese seit 1886 als »Mitarbeiterin« des Magazins »Illustriertes Monatsheft für die Gesamt-Interessen des Gartenbaus«, in dem neben einem von ihr geschaffenen Stillleben einer Begonie auch mehrere von ihr wissenschaftlich exakt gezeichnete und kolorierte Pflanzen veröffentlicht wurden. Ein weiteres Betätigungsfeld bot ihr die Rosenzucht – im Sommer blühten bis zu 35 000 Rosen im Garten vor Schloss Leutstetten –, und im Laufe der Jahre legte sie ein »Alpinum« mit einer hinlänglich vollständigen Zusammenstellung der alpinen Flora an.

FAMILIENLEBEN

Zunächst wohnte das junge Paar im Palais Leuchtenberg (s. S. 18) bei Ludwigs Vater Luitpold. Ludwig und Marie Therese gründeten jedoch schon bald ihren eigenen Haushalt im Wittelsbacher Palais an der Brienner Straße, welches nach dem Tod des Großvaters Ludwig I. frei wurde. Das Paar schätzte das als Kronprinzenpalais erbaute neue Heim nicht zuletzt wegen des großen schattigen Gartens. Es sollte bis 1916 durchgängig der hauptsächliche Familiensitz bleiben. Ludwig und Marie Therese lebten zunächst abseits des öffentlichen Interesses und mussten kaum repräsentative Aufgaben übernehmen. Somit standen die Familiengründung und das private Familienleben im Vordergrund. Das Paar sollte im Laufe der Jahre 13 Kinder haben, von denen drei bereits im Kindesalter verstarben.

Der älteste Sohn, Rupprecht, erblickte im Jahr 1869 das Licht der Welt. Das zweite Kind, Adelgunde, kam 1870 zur Welt. Die 1872 geborene Maria galt als sehr sanftmütig. Auf den 1874 geborenen Karl folgte 1875 der dritte Sohn, Franz. Die nächste Tochter, Mathilde, wurde 1877 geboren. Sie erlag 1906 im Alter von nur 29 Jahren einem Lungenleiden. In der Reihe der Kinder Ludwigs und Marie Thereses folgte im Jahr 1879 Wolfgang, der mit nur 16 Jahren starb. Tochter Hildegard kam 1881 zur Welt. Zwei Jahre darauf kündigte sich weiterer Nachwuchs an. Die 1883 geborene Notburga verstarb aber wenige Tage nach ihrer Geburt. Als Marie Therese 1884 zum zehnten Mal schwanger war, wünschte sich Ludwig sehnlich ein Mädchen. Bei einem Sohn hätte er den Deutschen Kaiser Wil-

Die Familie des Prinzen Ludwig: hintere Reihe (v. l.): Rupprecht, Franz, Maria, Wiltrud, Ludwig, Helmtrud, Marie Therese und Wolfgang; vordere Reihe: Hildegard, Adelgunde, Mathilde und Karl. – Fotografie, 1887.

helm I., einen Protestanten, als Taufpaten bitten müssen. Als tatsächlich ein Mädchen zur Welt kam, erhielt dieses den Namen Wiltrud, um wenigstens mit der ersten Silbe an Wilhelm zu erinnern. Der nächsten, 1886 geborenen Tochter dachte das Paar die zweite Silbe des kaiserlichen Vornamens zu: Helmtrud. Nicht nur die Münchner nannten die beiden Prinzessinnen scherzhaft »die Trudeln« – auch die Mutter selbst. Das zwölfte Kind, Dietlinde, wurde 1888 geboren und verstarb nach nur wenigen Monaten. Ihr folgte im Jahr 1891 die jüngste Tochter, Prinzessin Gundelinde.

Das Familienleben offenbart ein sehr traditionelles Rollenverständnis: Ludwig übernahm die Rolle des Vaters und Ehemanns, der zwar familienbezogen war, aber unbedingten Gehorsam einforderte. Seinen zahlreichen Kindern verlangte er als strenger Patriarch sehr viel ab. Währenddessen führte Marie Therese den Haushalt und überwachte die Ausbildung der Kinder. Besonders schwierig war die Beziehung zwischen Ludwig und seinem ältesten Sohn Rupprecht. Das angespannte

Verhältnis war laut Kriegsminister von Hellingrath *»vornehmlich auf rein menschlichem Gebiete«* zu lokalisieren. Er gab die wenig schmeichelhafte Einschätzung ab: *»Wenn nur die Hälfte der hierüber umlaufenden Geschichten wahr ist, kann man verstehen, dass es nicht gerade kindliche Gefühle der Liebe und Dankbarkeit waren, die die Prinzen für ihren Vater empfanden.«* Der jüngere Sohn Franz fand bei seinem Vater mehr Gehör. Rupprecht beklagte sich bei seinem Bruder einmal frustriert: *»Wenn ich Papa schreibe, erreiche ich nur das Gegenteil des Gewollten.«*

Es scheint auf Schloss Leutstetten jedoch bisweilen ein unbeschwertes Familienleben stattgefunden zu haben. Die Tochter Hildegard berichtete ihrem Vater noch im Jahr 1915: *»Wir sind sehr vergnügt hier, es ist herrlich sonnig [...] & bin ich tüchtig [...] mit Eis- und Schnee-Dingen, beim Skilaufen, d. h. Hinfallen, besudelt worden und [es] hat mich [Wiltrud] in den komischsten Momenten fotografiert.«*

Das bayerische Königshaus

Das Haus Wittelsbach zählte um die Wende zum 20. Jahrhundert insgesamt etwa 40 Prinzen und Prinzessinnen. Damit war das bayerische Königshaus kleiner als die russischen und österreichischen Herrscherhäuser, größer jedoch als das preußische. Die Angehörigen des Hauses Wittelsbach residierten mit nur wenigen Ausnahmen in München. Die Sommermonate wurden üblicherweise im bayerischen Oberland verbracht, etwa im Schloss Hohenschwangau. Durch die Königlichen Hoheiten gewann München ein eigenes Gepräge; sie trugen maßgeblich zum Bild der Monarchie bei. Die Mehrzahl der Prinzessinnen und Prinzen nahm, entsprechend ihrer Position innerhalb der Familie, repräsentative Aufgaben wahr. Während viele Prinzen im bayerischen Militär dienten, spielten die weiblichen Familienmitglieder im Rahmen der Wohlfahrt eine ebenso wichtige Rolle.

Das Wittelsbacher Familienstatut von 1819 regelte die familieninternen Verhältnisse. Zum Königlichen Haus Bayerns zählten neben allen Prinzen und Prinzessinnen, die vom König oder einem Deszendenten des gemeinschaftlichen Stammvaters abstammten, auch die Ehefrauen und Witwen der Prinzen.

Die rechtliche Bindung der gesamten Familie an den Monarchen war sehr eng: Die Mitglieder des Hauses waren beispielsweise der Gerichtsbarkeit des Königs unterworfen; zudem hatte dieser die Befugnis, in die Erziehung aller Familienangehörigen einzugreifen. Auch konnten kein Prinz und keine Prinzessin ohne königliche Zustimmung heiraten. Unterblieb diese, so hatte die geschlossene Ehe in Beziehung auf Stand, Titel und Wappen keine rechtliche Wirkung. Den Familienmitgliedern war es zudem nur mit königlicher Erlaubnis gestattet, sich ins Ausland zu begeben. Dem Monarchen stand es ferner zu, *»alle zur Erhaltung der Ruhe, Ehre, Ordnung und Wohlfahrt des Königlichen Hauses dienlichen Maßregeln«* zu ergreifen. Nach dem Erstgeburtsrecht sowie der agnatisch-linealischen Erbfolge war die Krone erblich. Zur »Successions-Fähigkeit« war dabei eine Geburt aus einer ebenbürtigen und mit königlicher Bewilligung geschlossenen Ehe erforderlich. Die Prinzessinnen blieben von der Regierungsfolge ausgeschlossen, so lange ein successionsfähiger männlicher Nachkomme oder ein durch Erbverbrüderung zur Thronfolge berechtigter Prinz vorhanden war.

DER PRINZ ALS »MILLIBAUER«

Während der Sommermonate residierte die Familie größtenteils in Schloss Leutstetten am Starnberger See. Prinz Ludwig war 30 Jahre alt, als er das Schloss mit angeschlossenem landwirtschaftlichem Gut im Jahr 1875 erwarb. Neben dem Wittelsbacher Palais wurde Leutstetten ihm zur zweiten Heimat. Ein Lustschloss war dies freilich in keiner Weise. Die Freiin von Redwitz befand nach einem Besuch im Jahr 1896, Leutstetten sei *»hübsch, wenn auch nicht durchgehend geschmackvoll eingerichtet. Es wäre groß genug gewesen für eine kleine Familie, aber so viele Köpfe konnte es nicht beherbergen. Statt am Schloss anzubauen, hatte man kleinere, niedere Bauernhäuser herrichten las-*

Ludwig auf seinem landwirtschaftlichen Mustergut Leutstetten. – Fotografie ohne Datum.

sen, die die jungen Prinzessinnen bewohnten, so dass diese zu jeder Mahlzeit ein paar Minuten gehen mussten. Abends wurden sie dann mit der Laterne nach Hause begleitet.«

Ludwig erhielt durch die finanziellen Mittel seiner Ehefrau als Prinz im zweiten Glied ein großes Stück Autonomie und zudem die Chance, sich auf einem seiner Lieblingsgebiete – der Landwirtschaft – zu beweisen. Seiner Meinung nach war diese *»von allen Gewerben das, welches die Grundlage bildet. Wenn es der Landwirtschaft gut geht, befinden sich auch die anderen wohl.«* Er war der Ansicht, dass sich Milchwirtschaft, Ackerbau und Pferdezucht auszahlten, solange man ökonomisch, diszipliniert und mit modernen Methoden ans Werk ging. In der Praxis bedeutete dies für ihn nicht nur Tabellenkalkulationen am Schreibtisch, sondern auch tatkräftige Arbeit. Im Stall konnte man den Prinzen noch spätabends hemdsärmelig mit der Laterne in der Hand beobachten. Seine Ehefrau Marie Therese packte auf dem landwirtschaftlichen Gut ebenfalls mit an. War Prinz Ludwig bald als »Millibauer« bekannt, wurde seine Gattin vom Volk »Milliresl« oder »Topfenreserl« genannt.

Politisch setzte sich Ludwig bereits seit einiger Zeit für die Interessen der Landwirte ein. Im zweiten Drittel des 19. Jahrhunderts war in Bayern noch immer die Hälfte der Bevölkerung im Agrarsektor beschäftigt, der ab den 1870er-Jahren in eine Krise geriet. Wirtschaftspolitisch waren die Förderung und die gezielte Modernisierung der bayerischen Landwirtschaft also unabdingbar.

Bereits im Jahr 1868, also im Alter von 24 Jahren, war er zum Ehrenpräsidenten des Zentralkomitees des Landwirtschaftlichen Vereins in Bayern ernannt worden. Diese im Jahr 1810 gegründete Organisation fungierte über ihr Spitzengremium, den Bayerischen Landwirtschaftsrat, als agrarpolitischer Beratungs- und Gutachterausschuss der bayerischen Regierung. Prinz Ludwig sollte dieses Amt jahrzehntelang ausüben. Sein Engagement wurde allerdings auch kritisch beäugt, da der Verein nicht etwa eine demokratisch legitimierte Repräsentation der Landwirtschaft, sondern eine Organisation wohlhabender Großagrarier war.

Ludwig kaufte nach und nach Ackerland und Wiesengründe zu und erweiterte seinen Besitz um mehr als das Doppelte auf 957 Hektar Bodenfläche. Leutstetten wurde eines der größten Güter Bayerns. Der Prinz wandelte es zu einem vorbildlichen Betrieb der Viehwirtschaft um. Vorwiegend wurden Roggen und Hafer angebaut, zudem Futterklee. Zusätzlich kam Kunstdünger zur Bodenaufwertung zum Einsatz. Die Vollblutpferdezucht zählte neun Stuten, die Hengsten in Deutschland und Ungarn zur Bedeckung zugetrieben wurden. Ludwig triumphierte, wenn seine Pferde bei den Rennen in Riem Preise erhielten. Wissenschaftlichen Themen wie der Tiermedizin und der Landwirtschaftstechnik war er ebenso zugeneigt. Sein akademisches Interesse richtete sich auf TBC-freie Ställe, Zuchtrinder und eine ertragreiche Milchwirtschaft. Im Jahr 1914 bemühte Ludwig sich um die Eingliederung der Tierärztlichen Hochschule in die Tiermedizinische Fakultät der Ludwig-Maximilians-Universität München.

Der Ruf Leutstettens als landwirtschaftliches Mustergut wurde vor allem durch die ertragreiche Milchwirtschaft erworben. Ludwig hielt Allgäuer Kühe und ließ in einer eigenen Käserei Milchprodukte herstellen. Zweimal täglich wurden Züge mit Milch aus Leutstetten beladen, um zur Zentralmolkerei nach München transportiert zu werden. Die hochwertigste Milch stammte aus dem zum Gut gehörigen Stall Rieden. Neben zeitgemäßen betriebswirtschaftlichen und agrartechnischen Verfahren war die veterinärmedizinische Überwachung des Viehbestandes für den Gutsbesitzer oberstes Gebot. Jede Kuh wurde halbmonatlich tierärztlich untersucht und alle sechs Monate gegen Tuberkulose geimpft. Auch für die Mitarbeiter galten strenge Hygienevorschriften. Kanalisation und Entlüftung wurden auf den neuesten Stand der Technik gebracht. Die hohen Investitionskosten für diese Modernisierungen sowie für allerlei landwirtschaftliches Gerät drückten natürlich erheblich den finanziellen Ertrag des Gutes.

JAGDFREUDEN

Prinz Ludwig war wie sein Vater und seine Brüder Leopold und Arnulf ein enthusiastischer Jäger. Mehrmals im Jahr lud er einen ausgesuchten Freundeskreis zur Jagd. Im Sommer fand in den Leibgehegen von Oberstdorf, Hohenschwangau, Linderhof und Vorderriß die Hirschjagd statt. Im Oktober jagte die Gesellschaft vorwiegend in St. Bartholomä am Königssee im Berchtesgadener Land, bevor im Herbst in den Spessart geladen wurde. Schlechte Resultate trübten dem launischen Prinzen bisweilen die Stimmung. Durch die Jagdausflüge wurde Ludwig in den verschiedenen Teilen des Königreichs für die Öffentlichkeit sichtbar. Die während der Jagden bevorzugte einfache Jagdkleidung – zeitgenössisch als *»schiache Joppn«* bezeichnet –, die kurze Lederhose und der Gamsbarthut, trugen zum Bild der Volkstümlichkeit bei.

Für Ludwig beinhalteten diese Aufenthalte neben persönlicher Kurzweil repräsentative Pflichten. Als Prinzregent und später als König nahmen seine Jagden den Charakter offizieller »Allerhöchster Hofjagden« an. Während dieser fanden regelmäßig Botschafterempfänge, persönliche Vorträge der Staatsminister oder der Adjutanten am Hoflager statt. Im Umfeld der Jagdaufenthalte hielt man Festtafeln und Empfänge der besuchten Gemeinden ab. Schulklassen standen Spalier und

Schloss Leutstetten unweit von Starnberg. – Kolorierte Lithografie, um 1817.

trugen Gedichte vor. Ludwig sprach zudem fast täglich Frühstücks- oder Tafeleinladungen an lokale Honoratioren aus.

EIN BÜRGERLICHER PRINZ?

Unter dem Einfluss bürgerlicher Wertmuster wurden der königlichen Familie Bayerns vermehrt zeitgemäße Beschreibungen zugemessen. Arbeits- und Pflichtethos, Tugendkatalog und Familiensinn wurden nunmehr zur Beurteilung der Monarchie herangezogen. Ludwig bediente viele dieser modernen Ideale durch seinen scheinbar anspruchslosen, bürgerlich-volkstümlichen Lebensstil. Es gelang dem Prinzen, durch seine leutselige Art den Eindruck zu vermitteln, er entstamme der Mitte des heimatbewegten Volkes. Ludwig fungierte als Vorsitzender unzähliger Vereine und Gesellschaften. Er hatte sich ferner als Protektor des »Königlich Bayerischen Veteranen- und Kriegerbundes und seiner Mitgliedschaften« zur Verfügung gestellt, ebenso des »Vereins für Hebung der Fluss- und Kanalschifffahrt in Bayern« oder des »Münchner Schwimmvereins«. Ebenso übernahm seine Gattin Marie Therese Schirmherrschaften, die in ihrer Zahl kaum zu überblicken waren.

Das Bild des volksnahen Prinzen formten auch die Besuche wöchentlicher Kegelabende in den Münchner Pschorr-Bräu-Hallen mit bürgerlichen Freunden sowie Stadtspaziergänge in schwarzem Gehrock, Zylinder und goldener Brille. Volkstümlichkeit und Bodenhaftung demonstrierte Ludwig zudem durch die Bewirtschaftung des landwirtschaftlichen Musterguts in Leutstetten. Über Jahrzehnte pflegte er sein Image als naturverbundener Landwirt und Jäger aus königlichem Hause. Noch im Jahr 1915 wurde eine ausführliche und reich bebilderte »Homestory« in der illustrierten Zeitschrift »Das Bayerland« veröffentlicht, in der er als leidenschaftlicher Förderer der bäuerlichen Landwirtschaft dargestellt wurde.

Der vergleichsweise einfache Lebensstil war jedoch in Wahrheit zum Teil den finanziellen Verhältnissen geschuldet, nicht nur den persönlichen Vorlieben. Die vordergründig bürgerliche, in Wirklichkeit jedoch aristokratische Lebensform trug – ungeachtet der ihr zugrundeliegenden Motive – dazu bei, Vorstellungen zu fördern, die dem bayerischen Königtum jenen unpolitischen, unkonventionellen Anschein verliehen. Die Volksnähe Ludwigs, gepaart mit seiner Fachkenntnis in landwirtschaftlichen Belangen, imponierte Bürgern und Bauern gleichermaßen. Mit seiner leutseligen und unprätentiösen Art wurde er zu einem der beliebtesten wittelsbachischen Prinzen.

Manche Zeitgenossen befremdete diese plakative Bürgerlichkeit eines königlichen Prinzen jedoch. Der Schriftsteller Franz Blei berichtete: *»Das Haus Wittelsbach gehörte nicht zu den reichen Dynastien, und die Familie ist groß. Man musste sparsam leben.«* Gab Prinz Ludwig eine Einladung, *»wurde Hofbräu und Würstel serviert«*. Bis auf Ludwigs ältesten Sohn Rupprecht, *»den intelligentesten Kopf der zahlreichen Familie, taten die anderen […] ihr möglichstes, sich mit dem Volke gemein zu machen, von keinem strengen Hofzeremoniell darin gehindert. […] Aber es wirkte nicht wie was Besonderes auf das Volk, das [Prinz Ludwig] an Sommertagen in den Gassen spazieren sah, den Hut abnehmen, sich mit dem Taschentüchel den Schweiß wischen und zu einem Passanten sagen: ›Heiß is heut.‹«*

»Wir sind keine Vasallen,
keine Untertanen des Deutschen Kaisers,
sondern dessen Verbündete!«
PRINZ LUDWIG

3 Ein politischer Prinz

POLITISCHES ENGAGEMENT

Die Ludwig häufig zugeschriebene Mischung aus Kenntnisreichtum und Eigensinn führte zu einem enormen Gestaltungswillen. Er sollte sich aus diesem Grund weit mehr als andere Prinzen politisch einbringen. Als Nummer drei der Thronfolge – nach seinem Vetter Otto und seinem Vater Luitpold – besaß er eine herausgehobene Stellung und war direkt und indirekt in Entscheidungsprozesse des Hofes und des Staates eingebunden. Mit Erreichen der Volljährigkeit trat er in die Kammer der Reichsräte ein, der ersten Kammer des bayerischen Landtags. König Maximilian II. nahm seinem Neffen Ludwig am 23. Juni 1863 den Verfassungseid ab. Die Stimmberechtigung erhielt er entsprechend der Verfassung mit dem Erreichen des 21. Lebensjahrs. Der Prinz sollte der Reichsrätekammer fünf Jahrzehnte lang als aktives und engagiertes Mitglied angehören. Zur Kammer der Abgeordneten unterhielt er ebenfalls enge Kontakte. Insbesondere der Patriotenpartei – und nach 1887 dem Zentrum – stand er politisch sehr nahe. Der katholisch-konservativ-großdeutsch orientierte Ludwig vertrat als Folge gegenüber der eigenen Regierung meist den Standpunkt der Opposition.

Dem Prinzen Ludwig war keine der politischen Fragestellungen der Zeit gleichgültig. Seine Hauptziele waren neben der Förderung der Landwirtschaft die Stärkung der Industrie, des Handels und Verkehrs. Er brachte sich in die Debatten zur Verfassungsordnung ein, in die Regierungspolitik sowie die Arbeit des Landtags. Wichtig waren für ihn zudem das Verhältnis Bayerns zum Reich sowie die Rolle der Kirche im Staat. Er stand für einen durchführbaren, an der Verfassung orientierten Föderalismus, der die Stellung der Einzelstaaten betonte.

Er setzte sich in der Sozialpolitik ein, in vielbeachteter Weise engagierte er sich auch für eine Wahlrechtsreform. Ebenso machte er sich als Förderer der Wissenschaft und Technik einen Namen und galt als Vorkämpfer für den Ausbau der bayerischen Wasserstraßen.

Das Interesse, das Ludwig der Politik entgegenbrachte, die Berührung mit der Wirtschaftswelt und der Einblick, den er als Mitglied der Reichsratskammer in die Staatsverwaltung gewann, brachten ihm bemerkenswerte Kenntnisse ein. Laut Urteil eines späteren Kriegsministers war es erstaunlich, mit welcher Sachkunde Ludwig über *»recht verwinkelte und fernliegende volkswirtschaftliche Dinge zu sprechen wusste«*. Ganz im Gegensatz zu seinem Vater entwickelte Ludwig im Laufe der Jahre klare politische Vorstellungen, und in vielerlei Hinsicht war er auch das Gegenbild seines fast gleichaltrigen Vetters auf dem Königsthron.

Parteien und Regierung in Bayern

Während der zweiten Hälfte des 19. Jahrhunderts differenzierte sich das parlamentarische System in Bayern. Nicht nur zwischen den politischen Parteien und deren Ideologien taten sich Gräben auf, sondern auch zwischen Regierung und Parlament. Die Reichsgründung von 1871 und der »Kulturkampf« sollten die politischen Gegensätze noch verschärfen. Die liberalen Parteien, deren größte die »Bayerische Fortschrittspartei« war, traten seit 1866 für eine kleindeutsche Nationalstaatsgründung ohne Österreich ein und trugen den Kulturkampf sowie die Sozialgesetzgebung mit.

Dem politischen Liberalismus stand mit der »Patriotischen Fraktion« eine zunächst heterogene christlich-konservative Vereinigung gegenüber. Als sich diese 1869 als »Bayerische Patriotenpartei« sammelte, erreichte sie bei den Landtagswahlen im gleichen Jahr umgehend die Stimmenmehrheit. Politisch vertraten die »Patrioten« einen großdeutsch-antipreußischen, konservativ-katholischen, bäuerlichen und föderalistisch-partikularistischen Kurs. Nach einer Phase der Zersplitterung sammelten sich die konservativen Gruppen ab 1887 in der »Bayerischen Zentrumspartei«, die in der ideologischen Nachfolge der »Patrioten« stand.

Ab 1893 war auch die Sozialdemokratische Partei im Parlament vertreten. Die bayerische SPD setzte im Gegensatz zur Gesamtpartei, die auf eine revolutionäre Umgestaltung des politischen Systems hinarbeitete, auf einen pragmatischen und gemäßigten Reformkurs. Dabei ging sie zum Entsetzen der Berliner Parteiführung mehrfach Bündnisse mit dem Zentrum ein und stimmte bisweilen auch dem Staatsbudget zu. Sie wirkte innerhalb des politischen Systems Bayerns jedoch insgesamt als Opposition.

Die Zusammenarbeit der durch den Herrscher eingesetzten Regierung und der vom Volk gewählten Kammer der Abgeordneten war über Jahrzehnte problematisch. Bis 1912 wurden durch Ludwig II. und Prinzregent Luitpold stets liberale Regierungen berufen, deren Mitglieder wirtschaftsliberal, staatskonservativ, antiparlamentarisch und antiklerikal waren. Diese Regierungen konnten zunächst auf liberale Mehrheiten in der Zweiten Kammer bauen; ab 1869 stellten jedoch die konservativen Kräfte das Gros der Abgeordneten. Dies führte im Landtag zu zunehmend scharfen Auseinandersetzungen über den Kurs der bayerischen Politik.

DER SCHWARZE PRINZ

Ludwig war von starker Religiosität geprägt. Seine Mutter sowie sein Erzieher Karl Rinecker, ein vatikantreuer Domprediger, hatten für das Fundament einer streng katholischen Erziehung und Bildung gesorgt. Ihm war als bekennendem Katholiken die kirchliche Lehrmeinung heilig; auch politisch ließ er sich von seiner Glaubensüberzeugung leiten. Die während des Kulturkampfes verfolgte antikatholisch geprägte Politik des liberalen Ministerratsvorsitzenden Johann von Lutz lehnte er – ebenso wie seine Gesinnungsgenossen in der bayerischen Zentrumspartei – vehement ab. In diesen Jahren entstand Ludwigs Renommee als »schwarzer Prinz«. Das in dieser Zeit verwendete Schlagwort des »Ultramontanismus« trifft jedoch bei ihm nicht zu. Vielmehr muss man Ludwig als staatskirchlich orientierten Klerikalen in altbayerischer Tradition sehen.

Zeitlebens engagierte sich der Prinz aufgrund seiner religiösen Wertorientierung für soziale Interessen. Industrielle Revolution und Verstädterung hatten zu unübersehbaren negativen Auswirkungen für die Lage der Arbeiterschaft geführt, was zu einer Hinwendung der katholischen Kirche zur Sozialtätigkeit in Staat und Gesellschaft führte. Dies bot in politischer Hinsicht eine Alternative zum klassenkämpferischen Ansatz der SPD, zu der Ludwig ein zwiespältiges Verhältnis hatte. Die katholische Soziallehre erlangte schließlich im Jahr 1891 mit der Enzyklika »Rerum novarum« des ausgesprochen politischen Papstes Leo XIII. ihren Durchbruch. Prinz Ludwig wählte als Mitglied der Corpus-Christi-Bruderschaft den aufschlussreichen Leitspruch *»In necessariis unitas, in dubiis libertas, in omnibus caritas«*, also *»Im Notwendigen (herrsche) Einmütigkeit, im Zweifelhaften Freiheit, in allem (aber) Nächstenliebe.«*

Der Prinz setzte sich für seine sozialen Überzeugungen in vielbeachteter Weise auch politisch ein. So begegnete er beispielsweise der fehlenden Absicherung von Heimarbeitern im Jahr 1905 in der Kammer der Reichsräte mit dem Einsatz für Arbeiterschutzverträge. Darin wurde er von seinen persönlichen Freunden und politischen Weggefährten Georg von Hertling und Max von Soden von der Zentrumspartei unterstützt. In diesem Zusammenhang gab der Prinz eine sozialwissenschaftliche Untersuchung dieses Themas in Auftrag. Für die Heimarbeiter, die ihr Auskommen etwa mit Weben, Klöppeln oder Nähen verdienten, gab es bis dato keine Kontrolle durch die Gewerbepolizei. Ludwig führte vor der Kammer der Reichsräte aus, die Industrie stelle mithilfe von Maschinen billige Massenartikel her, was zu einer Ausbeutung der Heimarbeiter führe: Um die Einhaltung der Arbeitszeit, die Sicherheit und Hygiene am Arbeitsplatz kümmere sich dabei niemand. Ludwigs engagierte Argumentation zog zunächst jedoch nicht den erwünschten politischen Erfolg nach sich. Erst das Hausarbeitergesetz von 1911 sollte den Heimarbeitern elementare Rechte einräumen.

ZERWÜRFNIS MIT LUDWIG II.

Auf der Bühne der Reichsrätekammer kam es zu einem ernsthaften Konflikt zwischen Prinz Ludwig und dem König, der die lange schwelenden persönlichen Animositäten der beiden Vettern noch verstärkte. Als 1867 der Beitritt Bayerns zum Norddeutschen Zollverein in der Kammer der Reichsräte debattiert wurde, wandten sich der 22-jährige Prinz Ludwig, sein Vater Luitpold und sein Bruder Leopold selbstbewusst gegen die Beitrittspläne. Ludwig II. war außer sich über den offenen Widerspruch der Prinzen gegenüber den Plänen seines Ministeriums Hohenlohe. Der König verfügte kurzerhand, dass die Prinzen an der entscheidenden Sitzung der Kammer der Reichsräte, bei der über die Regierungsvorlage entschieden werden sollte, nicht teilnehmen durften.

Die Familie des Prinzen Luitpold nahm diese Demütigung, die einen Eingriff in ihre verfassungsmäßig garantierten Rechte darstellte, nicht hin und nahm kurzerhand an der Sitzung teil. Bei der Abstimmung unterlagen die Beitrittsgegner jedoch. König Ludwig II. erboste der erneute Ungehorsam seiner Verwandten derart, dass er seinen beiden Vettern sowie seinem Onkel Hofverbot erteilte. Besonders schwer traf die Prinzen allerdings das gleichzeitige Verbot, an Hoffesten und -jagden teilnehmen zu dürfen.

Die spektakuläre Strafaktion erregte nicht nur am königlichen Hof enormes Aufsehen, sondern weit darüber hinaus. Der Öffentlichkeit blieb das Zerwürfnis nun auch nicht mehr verborgen. Ludwig II. bezeichnete seinen gleichnamigen Vetter sogar als »roten Prinzen«. Drei Jahre später erteilte er den Prinzen Ludwig und Leopold sowie deren Vater Luitpold erneut vorübergehend Hofverbot, als er sich über eine von der Kammer der Reichsräte ausgearbeiteten Adresse an ihn echauffierte. Dabei hatte die Erste Kammer den König lediglich darauf

Die Gründung des Deutschen Reichs

Nach der militärischen Niederlage an der Seite Österreichs im Deutschen Krieg von 1866 waren die Weichen gestellt für Preußens künftige Vormachtstellung innerhalb der deutschen Staaten. Bayern hatte im Rahmen des Friedensvertrages vom 22. August 1866 nicht nur Gebietsabtretungen und Kriegsreparationen hinzunehmen sowie das Ausscheiden Österreichs aus dem Deutschen Bund und die Gründung eines Nord- und eines Süddeutschen Bundes zu akzeptieren; es musste darüber hinaus ein Schutz- und Trutzbündnis mit Preußen eingehen.

Der darin geregelte Bündnisfall trat schließlich im Sommer 1870 ein: Preußen bekam von Frankreich den Krieg erklärt, was auf die geschickte Diplomatie Bismarcks zurückzuführen war. König Ludwig II. unterzeichnete schweren Herzens am 16. Juli 1870 den Mobilmachungsbefehl; ihm blieb keine andere Wahl. Die militärischen Siege gegen Frankreich von 1870/71 bildeten den Endpunkt der deutschen Nationwerdung. Als Resultat wurden in Versailles zwischen den deutschen Bündnispartnern die so genannten Novemberverträge ausgehandelt, welche die Grundlage für die Reichsgründung darstellten. Ludwig II. trug schließlich am 30. November 1870 im Namen der deutschen Fürsten dem preußischen König Wilhelm I. im so genannten – zehn Tage zuvor durch Bismarck aufgesetzten – »Kaiserbrief« die deutsche Kaiserwürde an.

hingewiesen, dass sie das Vertrauen des Herrschers in gleicher Weise wie das des Volkes benötige.

Die problematische Beziehung des Prinzen zum König sollte sich nicht verbessern. Die eigensinnig-selbstbewusste Art sowie der starke politische Gestaltungswille seines Vetters missfielen dem innerfamiliär noch immer in absolutistischen Kategorien denkenden Monarchen. Ludwig II. sollte den gleichaltrigen Prinzen im April 1875, also acht Jahre nach der Zollvereins-Episode, in einem Brief maßregeln: *»Wie schon früher* *habe Ich auch bei Gelegenheit des jüngsten Besuches Eurer Königlichen Hoheit [...] bemerkt, dass dieselben mit Mir in einem zu freien und die verwandtschaftlichen Beziehungen unpassend hervorkehrenden Tone sich bewegen, wie solcher vor dem Könige nicht angemessen erscheint. Ich bin der Überzeugung, dass Eure Königliche Hoheit [...] in künftigen Fällen jene Form des Benehmens wählen, welche in Gegenwart des Königs von allen Untertanen beobachtet werden muss.«*

DIE DEBATTE ZU DEN NOVEMBERVERTRÄGEN

Die Behandlung der Novemberverträge im bayerischen Landtag fiel scharf und kontrovers aus. In den Beratungen der Kammer der Reichsräte über die Versailler Verträge im Dezember 1870, als über den Eintritt Bayerns in den Norddeutschen Bund und damit in das zu gründende Deutsche Reich debattiert wurde, kam Prinz Ludwigs reichspolitische Position deutlich zum Vorschein. Der 25-Jährige erörterte zwei alternative Szenarien: Einerseits die »kleindeutsche Lösung«, die auf eine Hegemonie Preußens in einem zentralistischen Einheitsstaat hinauslief, andererseits die »großdeutsche Lösung« unter Einbeziehung Österreichs, die *»den einzelnen Staaten die gehörige Freiheit der inneren Entwicklung und doch nach außen die gehörige Macht verleihen«* würde. In seiner Rede übte Ludwig Kritik an Preußens Machtpolitik, die nicht nur Bayern, sondern der Sache der deutschen Nation an sich geschadet hätte. Der an Österreichs Seite geführte und verlorene Krieg von 1866 habe nicht nur zu Gebietsabtretungen und Reparationszahlungen Bayerns, sondern zu Deutschlands *»Zerreißung«* geführt.

Der Prinz befand zudem, die Erfüllung der bayerischen Bündnispflicht im Krieg gegen Frankreich im Jahr 1870 sowie die damit verbundenen Opfer erbrächten für den süddeutschen Bundesstaat keineswegs den verdienten Ertrag. Anstelle einer angemessenen Stellung im Deutschen Reich seien Bayern die nunmehr zur Unterzeichnung anstehenden Versailler Verträge präsentiert worden, die diesem *»große Opfer zumuten, ihm erhöhte Lasten bezüglich des Militärs und neue Lasten bezüglich der Marine auferlegen, [sowie] das Aufgeben wesentlicher*

Rechte der Krone und des Landes verlangen«. Für Prinz Ludwig stand außer Frage, dass auf diese Weise kein gleichberechtigter Zusammenschluss verbündeter deutscher Staaten, sondern eine Hegemonie Preußens zum Zweck der Durchsetzung preußischer Interessen errichtet werde.

Ungeachtet dieser fundierten und nachdrücklichen Argumentation stimmte Prinz Ludwig in der Reichsrätekammer den Versailler Verträgen und damit dem Beitritt Bayerns zum preußisch dominierten Deutschen Reich schlussendlich zu. Als Begründung führte er die voraussichtlichen wirtschaftlichen Vorteile sowie die starke internationale Stellung des künftigen deutschen Nationalstaates an. Als weiteres Argument nannte er die sich abzeichnende Aussöhnung mit Österreich, die ihm das positive Votum ermöglichte. Hier zeigt sich, dass der stets pragmatisch denkende Ludwig sehr wohl bereit war, zugunsten der unbestreitbaren ökonomischen und machtpolitischen Chancen, die das Deutsche Reich auch dem Königreich Bayern bot, historisch gewachsene Positionen aufzugeben. Die Schwächung der bayerischen Eigenstaatlichkeit sowie die Abtretung von Souveränitätsrechten der bayerischen Krone nahm er dabei billigend in Kauf.

Politische Verbündete und Berater

Wollte Ludwig seine politischen Vorstellungen in die Tat umsetzen, so musste er sich Gleichgesinnte suchen. Die Vorsitzenden des Ministerrats kamen aufgrund politischer Differenzen nicht in Frage. Er fand jedoch in den Chefs der Geheimkanzlei starke Verbündete. Der konservative Realist Friedrich von Zoller galt ab 1892 als zentrale Schaltstelle, die dem Prinzregenten sowie dem Ministerrat Impulse vermittelte. Nach dem Tod Zollers im Jahr 1900 folgte ihm Peter von Wiedenmann als Chef der Geheimkanzlei nach und stieg bis 1912 zu einem der mächtigsten Männer im Staat auf.

Weitere Verbündete entstammten der Zentrumspartei: Prinz Ludwig verband etwa eine Freundschaft mit Georg von Hertling (1843–1919), die seine politische Weltanschauung nachhaltig beeinflusste. Der bekennende Katholik war bis zu seinem Tod Präsident der Görres-Gesellschaft. Neben seiner akademischen Tätigkeit als Philosophieprofessor engagierte er sich politisch, gehörte von 1875 bis 1890 und von 1896 bis 1912 dem Reichstag und ab 1891 zusätzlich der bayerischen Reichsratskammer an. Als Vorsitzender der Zentrumsfraktion im Reichstag widmete er sich vor allem sozialpolitischen, außen- und finanzpolitischen Fragen.

Daneben war auch die langjährige Freundschaft des Prinzen Ludwig zu Maximilian von Soden-Fraunhofen (1844–1922) von großer Bedeutung. Die beiden hatten sich in jungen Jahren beim Kollegienbesuch kennengelernt. Soden erinnerte sich viel später, dass Ludwig ihn damals *»sofort an seine Seite zog«* und seine gnädige Gesinnung ihm gegenüber über Jahrzehnte bewahrte. Als Abgeordneter vertrat Soden bis 1884 das Zentrum im Reichstag, war bis 1893 Mitglied der bayerischen Abgeordnetenkammer und anschließend Mitglied der Reichsratskammer. Ab 1893 fungierte er als Präsident des bayerischen Landwirtschaftsrates. Ludwig hatte mit Soden ebenso wie mit Hertling eine katholisch-konservative Gesinnung gemein. Hugo Graf von und zu Lerchenfeld (1843–1935), der ab 1880 als außerordentlicher bayerischer Gesandter und bevollmächtigter Minister Bayerns in Berlin amtierte, war ein weiterer wichtiger Ratgeber des Prinzen Ludwig. Der politische Einfluss des Diplomaten war beachtlich. Lerchenfeld galt als einer *»der klügsten Staatsmänner und Zeitbeobachter«* und beriet Ludwig jahrzehntelang. Dadurch verfügte der Prinz, im Gegensatz zu seinem Vater Luitpold, über klare und fundierte Auffassungen zur Reichspolitik.

REICHSTAGSKANDIDATUR

Das Jahr der Reichsgründung eröffnete Prinz Ludwig neue politische Gestaltungsräume. War er schon seit 1863 kraft der bayerischen Verfassung Mitglied der Reichsrätekammer, sollte er sich 1871 als Wahlkandidat für den erstmals zu wählenden deutschen Reichstag zur Verfügung stellen. Es war freilich ein spektakulärer Vorgang, dass sich ein Mitglied eines regierenden Hauses in einer freien Wahl um einen Abgeordnetensitz im Parlament bewarb. Die Initiative zu dieser Kandidatur war von der Patriotenpartei ausgegangen, die im Wahlkreis München II einen Nachrückkandidaten zu besetzen hatte. Ludwig stimmte seiner Kandidatur zu, ein Beitritt des Prinzen zu dieser großdeutsch gesinnten und konservativ-katholischen Partei stand jedoch trotz seiner politischen Nähe nicht zur Debatte.

Für sein Vorhaben benötigte er natürlich zuvor die Zustimmung des regierenden Vetters und Familienoberhauptes Ludwig II. König und Prinz diskutierten die Sache zwei Stunden lang hinter verschlossenen Türen, bis Letzterer vom Monarchen die Erlaubnis für die Reichstagskandidatur erhielt.

Diese endete für Ludwig jedoch in einer bitteren Niederlage. Seinem Kontrahenten, dem Stadtrichter Wilhelm Kastner von der Liberalen Reichspartei, unterlag der parteilose Prinz im Kampf um das Reichstagsmandat bei der Wahl am 3. März 1871 deutlich mit 5783 zu 8873 Stimmen. Ludwig musste sich also weiterhin von der Bühne der bayerischen Kammer der Reichsräte aus politisch engagieren. Später war der preußenkritische und offen für die konservativ-katholische Sache engagierte Ludwig froh darüber, in Zeiten des aufkommenden Kulturkampfes nicht im Reichstag gegen die Reichsregierung sowie diejenige des eigenen Bundestaates Stellung nehmen zu müssen. Liberale Kreise sollten des Prinzen katholische Gesinnung und seine freimütig zur Schau getragene Sympathie für die Patrioten- und später die Zentrumspartei jedoch mit Unbehagen beobachten.

NEUE PERSPEKTIVEN AUF DEN THRON

Der sachlich unvorbereitete, politisch schwache Ludwig II. vermochte die ihm verfassungsmäßig zustehenden Kompetenzen nicht zu nutzen. Zugleich widerstrebte es seinen unzeitgemäßen Vorstellungen vom Königtum, beim Regieren Kompromisse einzugehen. Ernüchtert und von der Realität enttäuscht wandte er sich zunehmend vom politischen Geschehen ab und ließ seine Minister gewähren. Ab 1870 sollte er Letztere – ungeachtet der großen innen- und außenpolitischen Probleme der Zeit – nicht mehr persönlich empfangen; zuletzt nicht einmal mehr seine Kabinettssekretäre. In seinen letzten Regierungsjahren folgte ein weitgehender Rückzug aus allen Regierungsgeschäften und aus der Öffentlichkeit. Dies führte zu einem faktisch unbesetzten Thron und einem Autoritätsverfall des Königs. Die Regierung unter Johann von Lutz, der ab 1880 als Ministerratsvorsitzender amtierte, stellt den Höhepunkt der Ministerregierung in Bayern dar. Das selbstbewusste Auftreten der Regierung verhinderte zumindest lange Zeit den Verfall der Staatsautorität, der durch die Krise des monarchischen Systems hervorgerufen worden war.

Um das Jahr 1880 waren Prinz Ludwig und sein regierender Vetter Ludwig II. beide etwa 40 Jahre alt. Es wurde deutlich, dass der zurückgezogen lebende Monarch sich nicht mehr verheiraten respektive einen Thronerben zeugen würde. Sein zur Erbfolge nächstberechtigter jüngerer Bruder Otto litt seit etwa 1866 unter Angstzuständen, Depressionen und Halluzinationen. Ein ärztliches Gutachten von 1872 stellte eine Geisteskrankheit fest, aufgrund derer der Prinz wenig später unter ständiger ärztlicher Beobachtung dauerhaft in Schloss Fürstenried interniert werden musste.

Damit stand fest, dass die Krone über kurz oder lang der luitpoldinischen Familie zufallen würde. Aufgrund der Erbfolgeregelung würde – nach dem Tod Ludwigs II. und Ottos – zunächst Prinz Luitpold König von Bayern. Dieser war jedoch 24 Jahre älter als der Monarch. Wahrscheinlicher war eine Thronbesteigung des mit dem Monarchen gleichaltrigen Prinzen Ludwig – oder von dessen ältestem Sohn Rupprecht. In den 1880er-Jahren schien der Tag des Herrschaftswechsels in greifbare Nähe zu rücken, denn nun wurde das Königtum Ludwigs II. auch kritisch von der ausländischen Presse diskutiert. Der Zustand der durch die königlichen Großbauprojekte, etwa Schloss Herrenchiemsee oder Schloss Neuschwanstein, dezimierten Kabinettskasse war besorgniserregend. Selbst das

Staatsministerium, das bislang von der Situation profitiert hatte, sah sich nunmehr zum Handeln gezwungen. Die Absetzung des Königs schien zumindest zur Option zu werden.

ENTMÜNDIGUNG UND TOD LUDWIGS II.

Im Frühjahr 1886 war die Eskalation angesichts des Unwillens Ludwigs II., Einsparungen bei seinen Bauvorhaben hinzunehmen, kaum noch zu vermeiden. Als der König die Unterstützung der konservativen Opposition im Landtag suchte, sahen der in die Ecke gedrängte Lutz und seine Ministerkollegen nur noch einen einzigen verfassungsmäßig möglichen Ausweg: den König für regierungsunfähig erklären zu lassen und einen Regenten an seiner Stelle einzusetzen. Dafür musste erstens ein Grund für die Verhinderung Ludwigs an der Ausübung seines Amtes gefunden werden. Zweitens war die Nachfolge zu regeln: Ludwigs jüngerer Bruder Otto kam aufgrund seiner Erkrankung für eine Regentschaft nicht infrage. Der nächste in der Erbfolge war der 65-jährige Prinz Luitpold, der jedoch zunächst äußerst verhalten auf die Überlegung reagierte, die Regentschaft zu übernehmen. In welchem Ausmaß Prinz Ludwig seinen Vater in der Folgezeit drängte, mit dem Staatsministerium zusammenzuarbeiten, um Ludwig II. abzusetzen, ist nur zu erahnen.

Für Ludwig stellten die Amtsführung seines Vetters sowie die Politik seiner Regierung zweifellos eine Gefahr für die Monarchie und das Land dar. Ihm konnte nicht gefallen, dass der Kulturkampf gegen die katholische Kirche rigoros geführt wurde, die Kluft zwischen der Regierung und der Mehrheit im Landtag wuchs und die Nachgiebigkeit gegenüber Berlin immer deutlicher zutage trat. Mit Überlegungen zur Absetzung des Königs in Verbindung gebracht wurde Prinz Ludwig seit langem. Es kursierte bereits seit Ende der 1860er-Jahre das hartnäckige Gerücht, er sei nach einer möglichen Absetzung Ludwigs II. als dessen Nachfolger vorgesehen. Auch hatte Ludwig 1884 eine weitere finanzielle Unterstützung des bauwütigen Königs durch die Bayerische Hypotheken- und Wechselbank aktiv zu verhindern versucht. Dass er – neben dem Ministerium Lutz – als treibende Kraft hinter der Königskrise von 1886 stand, die schließlich in der Absetzung und dem Tod Ludwigs II. gipfelte, ist allerdings stark zu bezweifeln.

Vom Staatsministerium wurde schließlich beim Psychiater Bernhard von Gudden ein Gutachten zum Geisteszustand des Königs in Auftrag gegeben. Dieses basierte lediglich auf Aussagen nahestehender Personen und sollte die *»originäre Verrücktheit«* Ludwigs II. bestätigen. Gudden und drei weitere Gutachter kamen am 8. Juni 1886 darin überein, dass der Monarch *»in sehr weit vorgeschrittenem Grade seelengestört«* sei und an *»Paranoia«* leide. Diese Krankheit sei angesichts ihrer *»fortschreitenden Entwicklung und schon sehr langen, über eine größere Reihe von Jahren sich erstreckenden Dauer«* unheilbar. Zudem stünde ein *»noch weiterer Verfall der geistigen Kräfte mit Sicherheit in Aussicht«*. Das Gutachten schloss mit der Beurteilung, durch die Geisteskrankheit sei *»die freie Willensbestimmung Seiner Majestät vollständig ausgeschlossen«*. Ludwig II. sei daher *»als verhindert an der Ausübung der Regierung zu betrachten«*. Diese Einschränkung werde *»nicht nur länger als ein Jahr, sondern für die ganze Lebenszeit andauern«*.

Die Diagnose vermochte den zögerlichen Prinzen Luitpold schließlich zu überzeugen: Er gab dem Drängen des Ministeriums Lutz nach, stimmte der Entmündigung seines Neffen zu und übernahm am 9. Juni 1886 die Regentschaft. Durch das Gesetz- und Verordnungsblatt für das Königreich Bayern verkündete Prinz Luitpold: *»Unser Königliches Haus und Bayerns treubewährtes Volk ist [...] von dem erschütternden Ereignis betroffen worden, dass Unser vielgeliebter Neffe, [...] Seine Majestät König Ludwig II., an einem schweren Leiden erkrankt sind, welches Allerhöchstdieselben an der Regierung auf längere Zeit im Sinne des Titels II § 11 der Verfassungs-Urkunde hindert. Da [...] ferner über [...] den Prinzen Otto von Bayern, ein schon länger andauerndes Leiden verhängt ist, welches ihm die Übernahme der Regentschaft unmöglich macht, so legen Uns die Bestimmungen der Verfassungs-Urkunde als nächstberufenem Agnaten die traurige Pflicht auf, die Reichs-Verwesung zu übernehmen.«*

Der abgesetzte König wurde in der Nacht vom 11. Juni 1886 auf Schloss Neuschwanstein festgenommen und in Begleitung mehrerer Ärzte nach Schloss Berg am Starnberger See gebracht, wo er unter Arrest gestellt wurde. Als Ludwig II. und sein Psychiater von Gudden am 13. Juni 1886 nach einem abendlichen Spaziergang im Schlosspark nicht zurückkehrten, wurde eine Suchaktion begonnen. Gegen 23 Uhr wurden die leblosen Körper der beiden im Wasser treibend gefunden. Offiziell wurde verlautbart, Ludwig habe von Gudden unter Wasser gedrückt und sei dabei selbst ertrunken. Die genauen Umstände des Todes Ludwigs II. von Bayern sind jedoch bis heute ungeklärt – der ewige Nährboden des Mythos um den »Märchenkönig«.

DIE PRINZREGENTENZEIT: LUITPOLD VON BAYERN

Mit dem Tod Ludwigs II. wurde dessen Bruder Otto am 14. Juni 1886 formell König. Am selben Tag diagnostizierte ein ärztliches Gutachten, *»dass Seine Majestät Otto I. König von Bayern in Folge langjähriger und unheilbarer Geistesstörung als verhindert an der Ausübung der Regierung zu betrachten sei«*. Diese Verhinderung werde *»mit Bestimmtheit für die ganze Lebenszeit andauern«*. Am 28. Juni sanktionierte der bayerische Landtag formal die Regentschaft des Prinzen Luitpold. Die als Prinzregentenzeit in die Geschichte eingegangene Reichsverweserschaft erlebte einen denkbar schlechten Start. Die Todesumstände und der entstehende Kult um Ludwig II. unterminierten die Position des Prinzregenten, der hinter vorgehaltener Hand als »Königsmörder« diffamiert wurde. Die Stimmung in der Bevölkerung war so aufgebracht, dass sich Luitpold in den ersten Tagen der Regentschaft nicht in die Öffentlichkeit wagte. Prinz Ludwig avancierte mit der Übernahme der Regentschaft durch seinen Vater faktisch zum Thronfolger, auch wenn er nicht offiziell zum Kronprinzen des Königreichs wurde.

Die Regentschaft beinhaltete nur die Ausübung monarchischer Rechte anstelle des regierungsunfähigen Königs. Luitpold stand weder die Titulatur »Majestät« zu, noch war er den deutschen Bundesfürsten gleichgestellt. Angesichts des erst 38-jährigen geisteskranken Herrschers Otto war mit einer jahrzehntelangen Dauer des Provisoriums ohne souveränen

Ludwig im großen Ornat des Hausritterordens vom Heiligen Georg. – Gemälde von Walter Firle, 1913.

Monarchen zu rechnen. Dies stellte ein Problem dar und stand zweifelsohne der monarchischen Idee entgegen.

Die politisch nicht vollwertige Reichsverweserschaft hätte es nach Prinz Ludwigs Ansicht gar nicht geben dürfen. Noch 1913 äußerte er, während der Regierung Ludwigs II. hätte Vorsorge getroffen werden müssen, *»dass der dem Throne zunächst stehende Agnat, der damals schon seit vielen Jahren notorisch geis-*

teskranke Prinz Otto, von der Thronfolge ausgeschlossen worden wäre, am Besten durch die rechtzeitige Herbeiführung einer Verzichtserklärung«. Da dies unterblieb, kam es dazu, *»dass beim Ableben des Königs Ludwig II. Prinz Otto sein Nachfolger in der Königswürde wurde, obwohl er zur Ausübung der Königlichen Gewalt nicht befähigt war«.*

An der Schwelle zu einer neuen Epoche

Die im Nachhinein idealisierte Prinzregentenzeit war von einem unübersehbaren kulturellen Glanz und einer stabilen Friedensperiode geprägt. Gleichsam war sie eine Art Endzeit und eine Epoche des Aufbruchs. Das salon-bayerische Selbstbewusstsein der Vorkriegszeit drückte sich in Architektur, Literatur und Malerei aus. Der neue Justizpalast, das Bayerische Nationalmuseum an der neuen Prinzregentenstraße, der Friedensengel, das Prinzregententheater sowie das Armeemuseum sind nur einige architektonische Beispiele. Die Haupt- und Residenzstadt München wurde um die Wende zum 20. Jahrhundert zu einem internationalen Zentrum der Malerei; auch etliche prominente Literaten nahmen in Bayern ihren Wohnsitz. In seiner Novelle »Gladius Dei« stellte Thomas Mann ironisch fest: *»Die Kunst blüht, die Kunst ist an der Herrschaft, die Kunst streckt ihr rosenumwundenes Zepter über die Stadt hin und lächelt, kurz: München leuchtete.«*

Prinz Ludwigs Bruder Leopold erinnerte sich: *»Es war auch schön in unserer lieben Haupt- und Residenzstadt München; das Ganze hatte auch eine reiche Vergangenheit, gestützt auf einen noblen und eleganten Anstrich. Auf den Straßen, im Theater, bei allen öffentlichen Gelegenheiten begegnete man einem bekannten und eleganten Publikum. In den Straßen verkehrten viele elegante Equipagen, die Automobile begannen sich zu vermehren. Überall begegnete man eleganten Offizieren in ihren schmucken Uniformen, viele Soldaten brachten Farbe in das Straßenbild.«*

Ab Mitte der 1890er-Jahre sorgten die staatliche Wirtschaftspolitik sowie ein Konjunkturumschwung für ein deutliches Wirtschaftswachstum. Daneben verzeichnete Bayern in diesen Jahrzehnten einen rasanten Bevölkerungsanstieg und eine zunehmende Verstädterung. Bis 1910 wuchs die als »Isar-Athen« bezeichnete Haupt- und Residenzstadt auf 596 000 Einwohner an, was einen tiefgreifenden Umbruch und soziale Probleme in fast allen Lebensbereichen mit sich brachte. Der beginnende Wandel vom Agrar- zum Industriestaat sollte eine Vielzahl an gesellschaftlichen Problemen und sozialen Spannungen mit sich bringen. Die traditionell liberal-konservativ orientierte bayerische Politik stand vor der schwierigen Aufgabe, auf diese angemessen zu reagieren. Soziale Wohnungsbauprojekte, Arbeiterschutzverträge sowie die Schaffung von Kliniken, Friedhöfen, öffentlichen Bädern und Schulen waren Ausdruck der zunehmenden staatlichen Fürsorge.

Der an politischen Themen kaum interessierte Prinzregent schöpfte die ihm zur Verfügung stehenden Gestaltungsspielräume kaum aus. Aus dem politischen Tagesgeschehen hielt er sich weitestgehend heraus. Durch diese Passivität geriet die Prinzregentenzeit zu einer weiteren Ära der Rückstellung bayerischer Interessen hinter diejenigen des Reichs; dies verstärkte die Tendenz zur Ministerherrschaft: Ministerrat, Landtag, Ministerialbürokratie und Geheimkanzlei konnten sich zu maßgeblichen politischen Faktoren entwickeln. Indem der Prinzregent akzeptierte, dass sich die aktive und selbstbewusste staatskonservativ-liberale Führungsschicht zunehmend Einfluss verschaffte, verlagerte sich sein eigener Schwerpunkt auf die Repräsentation. Die ablehnende Haltung der Bevölkerung konnte nur auf diese Weise überwunden werden.

Dem als bescheiden, tüchtig, überparteilich, heimatverbunden und volkstümlich dargestellten Regenten gelang es überraschend schnell, die durch die Königskatastrophe von 1886 beschädigte Monarchie als politisches Symbol zu regenerieren.

Luitpold erreichte auf diese Art – also weniger aufgrund strategischer Planung als durch seinen zurückhaltenden Lebens- und Regierungsstil und seine Persönlichkeit – eine bemerkenswerte Stabilisierung und Modernisierung der Monarchie. Sein Alter verlieh ihm eine Aura von Weisheit und Milde, seine militärische Haltung eine natürliche Autorität.

Machtpolitisch und wirtschaftlich konnte Bayern mit Preußen nicht mithalten und versuchte, in kultureller und wissenschaftlicher Hinsicht Schwerpunkte zu setzen. Die starke staatliche Förderung der Schulen und Universitäten sowie des kulturellen Lebens dient hierbei als Zeuge. Beurteilt man das Königreich Bayern am Ende der Prinzregentenzeit, so steht man vor dem Panorama eines bemerkenswerten politischen Systems: Dieses zeichnete sich durch einen konstitutionell-parlamentarisch-repräsentativen Charakter aus, verfügte über ein fortschrittliches Wahlrecht und wies starke kommunale Handlungsmöglichkeiten sowie eine weitgehende Reformmentalität auf. Der Prinzregent diente als Integrationsfaktor für alle Bevölkerungsschichten. Weit mehr als andere Monarchien im spätwilhelminischen Deutschland schien das bayerische Königtum zukunftstauglich zu sein.

LUDWIGS KAMPF FÜR DEN FÖDERALISMUS

Die deutschen Staaten hatten sich im Jahr 1871 zum Deutschen Reich zusammengeschlossen, das sowohl die Partikularinteressen als auch ein starkes gemeinsames Auftreten nach außen gewährleisten sollte. Die tatsächliche politische, wirtschaftliche und militärische Übermacht Preußens im Reich führte jedoch zu einer Zentralsierung der Macht. Ludwig beharrte hingegen auf Buchstaben und Geist der Verfassung und sollte für die gesamte Dauer des Kaiserreichs große Schwierigkeiten mit dieser konkreten, preußisch gefärbten Ausformung des Föderalismus haben.

In einem Bericht des preußischen Gesandten in München an den Reichskanzler hieß es, in Prinz Ludwig lebe *»der ganze Stolz und Trotz des Hauses Wittelsbach«*. Auch wenn ihm die preußische Diplomatie dies immer wieder unterstellte, blieb er ohne wirkliche separatistische Tendenzen. Einem wirkungsvollen Widerstand gegen den Zentralismus fehlte ohnehin die Grundlage. Das allgegenwärtige Schlagwort der Reichstreue wurde zum politischen Credo. Innerhalb ihrer Grenzen hatte sich jegliche Kritik abzuspielen. Schon die wirtschaftliche Verankerung Bayerns im Reich ließ keinen Raum für nationalpolitische Alternativen.

Der Prinz sorgte im Jahr 1896 für einiges Aufsehen, als er als Repräsentant des bayerischen Königshauses anlässlich der Krönungsfeierlichkeiten des russischen Zaren Nikolaus II. selbstbewusst den Standort der Bundesfürsten festlegte. Während eines Gartenfestes des deutschen Reichsvereins wurde der anwesende Prinz Heinrich von Preußen, der Bruder Kaiser Wilhelms II., persönlich begrüßt, sowie die *»in seinem Gefolge hier erschienen deutschen Fürsten«*. Ludwig erhob sich umgehend von seinem Platz und bemerkte erbost ins verdutzte Publikum: *»Wir sind nicht das Gefolge des Prinzen Heinrich, wir sind die Vertreter der deutschen Fürsten und Könige – es sind auch regierende Herren unter uns. Die deutschen Fürsten sind nicht Vasallen, sondern Verbündete des Deutschen Kaisers. […] Dies mögen die Deutschen allerorts bedenken und neben dem großen Vaterland die engere Heimat und die Anhänglichkeit an die heimische Dynastie nicht vergessen.«* Seine erregten Worte zogen die Häme der deutschen und internationalen Presse nach sich, während die bayerische Zentrumspresse sich Gedanken machte, mit welchen Ovationen man den Fürsprecher der föderalistischen Idee zu Hause begrüßen könnte.

Mit dem Moskauer Vorfall wurde Prinz Ludwig geradezu zur Symbolfigur für den gekränkten deutschen Föderalismus. Um keine bayerisch-preußischen Verstimmungen zu provozieren, wurde ein Entschuldigungstelegramm an den Kaiser gesandt. Der preußische Gesandte legte es dem Prinzen nahe, sich persönlich zu entschuldigen. Ludwig nahm den Canossagang auf sich und traf sich mit Wilhelm II. in Kiel auf dessen Yacht »Hohenzollern« zu einer 25-minütigen Unterredung. Er führte aus, *»er habe eine große Tat getan für die deutschen Fürsten«*, und rechtfertigte sich, ihm sei beim Ausdruck *»Gefolge«* die Galle übergelaufen und er habe sich Luft machen müssen. Zum Schluss seines Erklärungsversuchs beharrte er gegenüber Kaiser Wilhelm II. auf seiner Position, dass die Bundesfürsten *»keine Vasallen seien, aber leider oft so behandelt würden bzw. behandelt worden seien«*. Dies war offenbar zu viel für den Kaiser, der dem Prinzen daraufhin eine Lektion darüber erteilte, *»dass gottlob die einzelnen süddeutschen Staaten nicht diejenigen wären, denen die Vertretung des Reiches nach außen [...] auferlegt sei«*.

Ludwig betonte jedoch auch in der Folgezeit den föderalistischen Charakter des Reichs und die Eigenständigkeit Bayerns: *»In Hinblick auf die leider stets fortschreitende Centralisation des Deutschen Reiches dürfte es sich mehr und mehr empfehlen von Seite Bayerns [...] Einfluss zu nehmen an der Regierung und Leitung des Reiches [...].«* Zudem war es für Ludwig *»sehr wünschenswert, dass die bayr. Farben in die Reichsfarben, neben den preußischen [...] aufgenommen würden, auf dass wenigstens auf diese Art der Fortbestand Bayerns im Reich und dessen Angehörigkeit zum Reich symbolisch ausdrückt [würden], zumal jetzt Bayern immer mehr von seiner Selbstständigkeit u. von seinen Rechten an das Reich abgibt [...]«*. Dies sah er dadurch gerechtfertigt, dass *»Bayern der zweitgrößte Staat im Reich ist und einen so bedeutenden Anteil an der Besiegung Frankreichs u. der nur dadurch möglich gewordenen Wiederherstellung des Deutschen Reiches genommen«* habe.

»Mit der Annahme dieser Würde
hat Seine Königliche Hoheit aufs Neue
das Interesse kundgegeben,
welches er in Rat und Thaten
den technischen Wissenschaften und
technischer Arbeit entgegenbringt.«
WALTHER VON DYCK

4 Förderer der Wissenschaft und Technik

Ludwig begeisterte sich seit seiner Jugend für wissenschaftliche und technische Fragestellungen. Er wandte sich im Erwachsenenalter vornehmlich Belangen der Wirtschafts-, Verkehrs-, Agrar- und Energiepolitik sowie der Entwicklung der Technik zu. Viel mehr als sein Vater, der sich in Wittelsbacher Familientradition der Förderung der Kunst zugewandt hatte, spiegelte Ludwig mit seiner Aufgeschlossenheit gegenüber wissenschaftlichen und technischen Neuerungen den Zeitgeist wider: Im wilhelminischen Deutschland herrschte ein allgemeiner Fortschrittsglaube, der die Neuerungen der Epoche als Garant der Verbesserung der Lebensverhältnisse ansah. Dies war nicht unbegründet, denn die Prosperität des Deutschen Reiches fußte maßgeblich auf der Stärke der chemischen Industrie, der Elektro- sowie der Maschinenindustrie.

Der wissenschaftsbegeisterte Prinz war bereits 1872 – anlässlich der 500-Jahr-Feier der LMU – zum Ehrendoktor ernannt worden und zählte seit 1896 zu den Ehrenmitgliedern der Bayerischen Akademie der Wissenschaften. Ludwig schaltete sich zunehmend tatkräftig in Wissenschaftspolitik und Forschungsförderung ein. Die wohl sichtbarsten Erfolge seines Engagements waren die Gründung des Deutschen Museums, die vermehrte Nutzung von Wasserkraft und der Bau des Rhein-Main-Donau-Kanals. Der Bau der Messehallen auf der Theresienhöhe fand ebenfalls seine Unterstützung. Das Ausstellungsareal mit den »Prinz-Ludwig-Hallen« wurde 1908 eröffnet.

PLANUNGEN ZUM AUSBAU DER BAYERISCHEN WASSERSTRASSEN

Der Bau einer neuen Großschifffahrtsstraße war das wirtschaftspolitische Lieblingsprojekt des Prinzen. Der bestehende Ludwig-Donau-Kanal war wirtschaftlich völlig unrentabel, da er den Anforderungen der Güterschifffahrt nicht mehr genügte und sich gegen die Eisenbahn nicht behaupten konnte. Ludwig war jedoch der Meinung, dass der Ausbau von Wasserstraßen eine große wirtschaftliche Chance böte und dass die Standortnachteile der bayerischen Wirtschaft, Landwirtschaft und Industrie durch einen großangelegten Kanalneubau ausgeglichen werden könnten. Er skizzierte am 18. Dezember 1891 vor der Kammer der Reichsräte erstmals seine Vision: ein Schifffahrtskanal, der den Rhein mit der Donau und somit die Nordsee mit dem Schwarzen Meer verbinden sollte.

Der Ludwig-Donau-Main-Kanal

Auf Ludwigs Initiative hin wurde im November 1892 der »Verein zur Hebung der Fluss- und Kanalschifffahrt in Bayern« – kurz »Bayerischer Kanalverein« – gegründet. Im Frühjahr 1893 stellte er selbst bei der ersten Versammlung in München genauere Pläne vor und wusste dabei mit Sachkenntnis über wirtschaftliche und sogar technische Details zu berichten. Es ging dabei um die Kanalisation des Mains bis Bamberg und des Mittellaufs der Donau ab Kelheim, ebenso um einen Kanalneubau über das Mittelgebirge. Dies sollte es ermöglichen, von Rotterdam und Antwerpen über den Rhein kommende Schiffe ohne Umladen durch Bayern nach Österreich-Ungarn und bis ans Schwarze Meer zu leiten. Nicht nur Nürnberg, Würzburg und Regensburg sollten in das geplante Wasserstraßennetz eingebunden sein, sondern mit Hilfe von Stichkanälen sogar München und Augsburg. Technisch sollte die Schifffahrtsstraße auf dem modernsten Stand sein, über ein wassersparendes Schleusensystem und möglichst wenige Haltepunkte verfügen.

Über drei Jahrzehnte setzte sich Ludwig politisch mit Nachdruck für das Projekt ein. Wiederholt argumentierte er mit erfolgreichen Kanalprojekten wie dem Nord-Ostsee-Kanal, dem Ems-Jade-Kanal oder mit der eindrucksvollen Entwicklung der Rheinschifffahrt. Die Verwirklichung von Visionen dieser Größenordnung beansprucht jedoch lange Zeiträume. Der Weg bis zum Baubeginn war schon aus politischen und finanziellen Gründen beschwerlich, aber mit der Eröffnung des Bamberger »Prinz-Ludwig-Hafens« am 17. Juni 1912 war der erste Schritt vollzogen. Im Folgejahr wurde mit dem Ausbau am Main begonnen. Im Jahr 1917 wurde das Kanalbauamt eingerichtet, 1921 die Rhein-Main-Donau AG geschaffen. Erst nach dem Weltkrieg konnten weitere Abschnitte des Kanals gebaut werden, der letztlich unvollendet und dessen Rentabilität immer umstritten blieb.

STREIT UM DAS PROMOTIONSRECHT – EIN BAYERISCHER SONDERWEG

Eine der großen wissenschaftspolitischen Debatten der Prinzregentenzeit drehte sich um das Promotionsrecht. Die Technischen Hochschulen hatten zunehmend an Bedeutung und Selbstbewusstsein gewonnen, was sich im Anspruch auf Gleichrangigkeit mit den Universitäten ausdrückte. Auch in Bayern wurde dies deutlich: Die TH München erfuhr um die Jahrhundertwende eine substanzielle staatliche Förderung in Millionenhöhe, die umfangreiche Erweiterungs- und Neubauten ermöglichte. Nach schwierigen Debatten einigte man sich in Preußen auf das Verleihungsrecht des akademischen Grades des Dr.-Ing.; bis zum Jahr 1900 zogen alle deutschen Staaten mit Ausnahme Bayerns nach. Die Verlängerung des politischen Dissenses im süddeutschen Königreich über diese Frage lag darin begründet, dass das Promotionsprivileg der Technischen Hochschulen dort viel weiter gefasst werden sollte als in den übrigen Bundesstaaten.

Im Herbst 1900 war Prinzregent Luitpold auch dank der Einwirkung seines Sohnes Ludwig nicht länger abgeneigt, einer Lösung in der Frage des Promotionsrechts zuzustimmen.

Der TH München wurde schließlich am 10. Januar 1901 das Recht zur Vergabe des Doktortitels verliehen. Dies konnte deren Direktor, Walther von Dyck, am 16. Januar 1901 anlässlich der Akademischen Jahresfeier der TH in Anwesenheit von Prinz Ludwig verkünden. Von Dyck stellte fest, die Hochschule bewegten *»Gefühle des Dankes, der Freude und des Stolzes […] angesichts des Beweises Allerhöchster Huld«*. Dem Dank wurde dadurch Ausdruck verliehen, dass dem Prinzen zwei Tage nach der Gewährung des Promotionsrechts auf einstimmigen Antrag sämtlicher Abteilungen sowie durch einstimmigen Beschluss des Direktoriums der Hochschule die Würde eines Doktors der technischen Wissenschaften verliehen wurde.

Ludwig, der laut Walther von Dyck den technischen Wissenschaften und der technischen Arbeit mit Rat und Tat zur Seite stand, wurde somit zum ersten Ehrendoktor der TH, die ihn als *»eifrigen Förderer technischer Arbeit, […] weitblickenden Vorkämpfer für die Entwicklung der Wasserstraßen, […] einsichtsvollen und erfahrenen Landwirt, [und] treubesorgten Hüter der wirtschaftlichen Wohlfahrt des Volkes«* würdigte. Noch zwei Jahrzehnte später bezeichnete Dyck Ludwig anlässlich der akademischen Jahresfeier als Förderer von Wissenschaft und Kunst sowie als treuen Freund und Gönner der TH München.

DER BAU DES DEUTSCHEN MUSEUMS

Prinz Ludwig unterstützte unter dem Einfluss von Dycks auch die Idee Oskar von Millers (1855–1934), in München ein »Deutsches Museum von Meisterwerken der Naturwissenschaft und Technik« zu erbauen. Von Miller, der es auf dem Feld der Elektrotechnik zu internationalem Ruhm und einem erheblichen Privatvermögen gebracht hatte, verfolgte diese Idee spätestens seit 1903. Es gelang dem Organisationstalent, den für technische Themen begeisterten Prinzen Ludwig als Schirmherrn für das Deutsche Museum zu gewinnen. Auch den Prinzregenten Luitpold, dem das Thema Technik eher fern lag, vermochte von Miller zu überzeugen.

Carl Duisberg, König Ludwig III., Oskar von Miller und Gustav Krupp von Bohlen und Halbach (v. l.) bei einer Tagung der Deutschen Museums-Gesellschaft. – Fotografie, 1917.

Während der Jahrestagung des Vereins Deutscher Ingenieure am 28. Juni 1903 in München proklamierte von Miller die Gründung des Museumsprojekts. Prinz Ludwig, der den Vorsitz der Gründungsversammlung innehatte, sprach sich nachdrücklich für den Bau aus. Der Versammlung gehörten namhafte deutsche Wissenschaftler und Industrielle an, etwa Max Planck und Gustav Krupp von Bohlen und Halbach. Der Architekt Gabriel von Seidl gewann schließlich den Architektenwettbewerb.

Bis zur Grundsteinlegung vergingen noch mehr als drei Jahre. Der hartnäckige Spendensammler von Miller konnte besonders großzügigen Geldgebern dank der Protektion durch das Königshaus Orden und Titel in Aussicht stellen. Prinz Ludwig, zum Protektor des Museums ernannt, nahm an zahllosen Veranstaltungen teil, bei denen öffentlich um Unterstützung für das Museum geworben wurde. Als Protektor war er an allen Entscheidungen beteiligt, die Bau und Gestaltung betrafen.

Im Beisein des Prinzregenten, des Prinzen Ludwig sowie dessen wissenschaftlich ebenso begeisterter Schwester Therese nahm Kaiser Wilhelm II. persönlich schließlich am 12. November 1906 die Grundsteinlegung des ehrgeizigen Museumsneubaus auf der Münchner »Kohleninsel« vor. Ein Hammer ging von Hand zu Hand, um auf den Grundstein geschlagen zu werden, und feierliche Reden wurden gehalten. Zuvor hatten die kaiserlichen Majestäten die bisher gesammelten Ausstellungsstücke, die provisorisch im alten Nationalmuseum untergebracht worden waren, besichtigt. Ebenso nutzte der technikenthusiastische Kaiser die Gelegenheit, mit den Erfindern persönlich zu sprechen. Das Technikmuseum erlebte 1911 sein Richtfest, die Eröffnung fand jedoch erst 1925 statt. Ludwig sollte dem Deutschen Museum als Förderer zeitlebens eng verbunden bleiben.

DAS WALCHENSEEKRAFTWERK

Ein weiteres technisches Großprojekt brachte Ludwig auf den Weg. Bereits seit etwa 1900 kursierte die Idee für ein Kraftwerk, das den Höhenunterschied von 200 Metern zwischen dem Walchen- und dem Kochelsee zur Gewinnung elektrischer Energie nutzen sollte. Auch in diesem Fall war Oskar von Miller der hauptsächliche Vordenker. In einer Sitzung des Landtags im April 1914 wurde das Thema »als eine Ehrensache des bayerischen Volkes« besprochen. Es wurde aber infrage gestellt, ob genügend Abnehmer für den erzeugten Strom gefunden würden. Zwar wurde der Finanzierung zugestimmt, doch nur wenige Wochen später brach der Erste Weltkrieg aus. Daher entschied Ludwig III. schließlich selbst über das Projekt. Bei einer persönlichen Audienz beeindruckte ihn von Miller mit seinen Plänen und es kam zu einer Vereinbarung mit der Staatsregierung. Nach langer Vorarbeit beschloss der Landtag im Juni 1918 den Kraftwerksbau. Erstmals speiste eine Turbine im Januar 1924 Energie ins Stromnetz ein.

»Ich gebe Ihnen mein Wort,
Prinz Ludwig hätte die größte Aussicht,
deutscher Kaiser zu werden.«
AUGUST BEBEL

5 Das Ende der Prinzregentenzeit

LUDWIGS WEG IN DEN VORDERGRUND

Die Regentschaft seines Vaters erbrachte Ludwig zunächst nicht die erhoffte Machtteilhabe. Er resümierte im Jahr 1886: *»In einem monarchischen Staat ist immer nur einer der Herr und ist einer, der zu entscheiden hat, und derjenige, der ihm noch so nahe steht, muss ebenso sein Untertan sein wie der geringste Tagelöhner.«* Mit der passiven Haltung seines Vaters gegenüber den Ministern und gegenüber Berlin war Prinz Ludwig jedoch nicht glücklich. Er war der Ansicht, dass regiert und nicht nur verwaltet werden solle. Dazu sei es nötig, die Strukturen der Ministerialbürokratie aufzubrechen. Seinen politisch kaum orientierten Vater beriet er zumindest in Fragen der Landwirtschaft und der Entwicklung der Wasserwege. Ludwig hielt zugleich engen Kontakt mit der Zentrumspartei, welche die Mehrheit im Landtag stellte, und vertrat gegenüber dem Ministerium den Standpunkt der Opposition. Er nutzte zudem die Ehrenpräsidentschaft des Landwirtschaftlichen Vereins, das Protektorat über das Deutsche Museum sowie den Ehrenvorsitz des Kanalvereins als Bühnen für sein weitreichendes politisches Engagement.

Mehr und mehr wurden ihm auch repräsentative und protokollarische Aufgaben übertragen. Für den Prinzen ergaben sich zahllose Anlässe, mit Entscheidungsträgern in Politik, Militär und Gesellschaft zusammenzukommen. Er hatte Gelegenheit, seine Bekanntheit durch öffentlichkeitswirksame Auftritte zu steigern. Bei den großen Turner- und Schützenfesten vertrat der extrovertierte Prinz, der sich mit Leidenschaft stets neue Betätigungsfelder suchte, seinen Vater. Bei fürstlichen Geburtstagsfeiern, Jubiläen, offiziellen Besuchen oder Trauerfeiern saß er mit an der Festtafel. Selbst militärische Pflichten gehörten zu seinem Programm. Medial nutzte er sich ihm bietende Chancen ebenfalls: Er ließ seine wichtigsten Reden drucken, Fotopostkarten mit seinen Bildern verbreiten sowie eine offiziöse Biografie aus der Feder eines Hofhistorikers publizieren.

Für die Machtelite wurde der politisch ambitionierte Prinz im ersten Jahrzehnt des 20. Jahrhundert zu einem wichtigen Faktor. Dies lag nicht zuletzt im Gesundheitszustand des greisen Prinzregenten Luitpold begründet, der im Jahr 1901 sein 80. Lebensjahr erreichte. Mit zunehmendem Alter konnte Luitpold seine Stellung nicht mehr in vollem Umfang ausüben. Repräsentative Auslandsreisen unternahm er aufgrund der damit verbundenen Anstrengungen nicht mehr. In seinen letzten Lebensjahren ging die bösartige Anekdote um, er sei bereits tot. Man dürfe es ihm aber nicht sagen, sonst rege er sich zu sehr auf. Die bayerischen Staatsminister, Reichsräte, die Landtagsparteien sowie der Chef der Geheimkanzlei hörten daher zunehmend die Meinung und berücksichtigten die Positionen des politisch ambitionierten Prinzen Ludwig. Auch ministrable Staatsdiener suchten demonstrativ die Nähe zum voraussichtlichen Nachfolger im Amt des Prinzregenten.

DIE REFORM DES WAHLRECHTS

Eines der brisantesten Themen um die Jahrhundertwende war das reformbedürftige Wahlrecht zur Kammer der Abgeordneten. Prinz Ludwig sollte sich auch hier politisch einbringen. Das Wahlverfahren begünstigte bis dato durch eine starre Festlegung der Wahlbezirke vor allem die Wählerschichten der Liberalen und der Zentrumspartei. Die Sozialdemokratie forderte daher nicht ohne Grund eine weitgehende Wahlrechtsreform. Im Jahr 1903 war ein Gesetzentwurf des Zentrums noch gescheitert, nach der Landtagswahl von 1905 kam jedoch Bewegung in die Sache. Zentrum und Sozialdemokratie eroberten zusammen die Zweidrittelmehrheit der Abgeordnetenkammer und verständigten sich daraufhin auf eine gemeinsame Wahlrechtsnovelle. Die wichtigsten Neuerungen sollten in der

Einführung der direkten Wahl der Abgeordneten sowie der relativen anstatt der absoluten Mehrheitswahl bestehen sowie in einer gerechteren Regelung der Wahlbezirkseinteilung. Zudem sollten alle männlichen Bayern, die das 25. Lebensjahr überschritten hatten und seit einem Jahr direkte Steuern entrichteten, das aktive Wahlrecht erhalten. Dies begünstigte zwar abermals das Zentrum, schuf aber in anderen Bereichen mehr Gerechtigkeit.

Diese weitreichende Reform hin zum freien, geheimen und gleichen Wahlrecht musste jedoch auch in der staatskonservativen Kammer der Reichsräte angenommen werden, um rechtkräftig zu werden. Deren Zustimmung war jedoch alles andere als sicher. Prinz Ludwig setzte auch in diesem Fall konsequent seinen zentrumsnahen und parlamentsfreundlichen Kurs fort und machte sich zum Sprecher der Reformbemühungen. Er argumentierte vor der Kammer der Reichsräte nachdrücklich für die Vorlage und brachte die erforderliche Zweidrittelmehrheit hinter sich.

Am 9. April 1906 konnte das neue bayerische Wahlrecht in Kraft treten, das nunmehr eines der fortschrittlichsten im Deutschen Reich war. Das Zentrum war dem Prinzen für seine wertvolle Unterstützung selbstverständlich dankbar. Die Sozialdemokratie feierte ihn für seine unerwartete Unterstützung in der Wahlrechtsfrage jedoch geradezu euphorisch. Deren Parteigründer August Bebel rühmte den Prinzen 1906 vor dem Reichstag: »*Wenn wir eine Reichsverfassung hätten, nach der der Kaiser vom Volk gewählt würde, und in der die Vorschrift enthalten wäre, der Kaiser muss aus einem der regierenden Fürstenhäuser gewählt werden – ich gebe Ihnen mein Wort, Prinz Ludwig hätte die größte Aussicht, deutscher Kaiser zu werden. Ich glaube, meine Parteigenossen, so wenig sie monarchisch gesinnt sind, stimmten einzig für ihn.*«

SPEKTAKULÄRER REGIERUNGSWECHSEL

Die Prinzregentenzeit erlebte eine allmähliche Parlamentarisierung des Systems. Über die Jahre hatten sich neue Parteien wie das Zentrum oder die Sozialdemokratie Einfluss verschafft, der Kulturkampf war beendet und schließlich das Wahlrecht reformiert worden. Dennoch war die Regierung allein vom Vertrauen des Regenten abhängig. Für den selbstbewussten Landtag wurde diese Situation zunehmend unerträglich. Als es im Herbst 1911 zum Bruch zwischen der Kammer der Abgeordneten und der Regierung des seit 1903 amtierenden Grafen von Podewils-Dürnitz kam, wurde beim Prinzregenten eine Auflösung des Landtags durchgesetzt. Da die für den 5. Februar 1912 vorgesehene Landtagswahl einen erneuten Sieg der Zentrumspartei erwarten ließ, trat die Regierung am Wahltag geschlossen zurück. Das Zentrum eroberte schließlich 87 von 163 Sitzen und damit erneut die absolute Mehrheit.

Prinzregent Luitpold betonte angesichts der ihm zufallenden Berufung einer neuen Regierung, er sei voll belastbar. Er band seinen Sohn Ludwig jedoch stark in die zu treffenden Entscheidungen ein, die sich als bahnbrechend erweisen sollten. Die Regierungsbildung geriet auf Druck des Prinzen zu einem spektakulären Paradigmenwechsel. Sein absoluter Wunschkandidat als Ministerratsvorsitzender war sein langjähriger politischer Weggefährte Georg von Hertling. Angesichts der zuvor üblichen liberalen »Beamtenministerien« bedeutete die Berufung eines ausgewiesenen Parteipolitikers des konservativ-katholischen Zentrums eine Sensation: Landtagsmehrheit und Regierung würden derselben politischen Richtung angehören. Am 7. Februar telegrafierte der Prinzregent an den bayerischen Gesandten in Berlin: *»[Nach] Besprechung mit meinem Sohne Prinz Ludwig habe ich mich entschlossen, die Demission des Staatsministeriums anzunehmen, Freiherrn von Hertling das Ministerium des Äußern und den Vorsitz im Ministerrat zu übertragen und ihn mit der Neubildung des Ministeriums zu betrauen.«* Luitpold beauftragte den 68-Jährigen, der bis dato Fraktionsvorsitzender der Zentrumspartei im Reichstag war, noch am gleichen Tag mit der Neubildung des Staatsministeriums.

Hertling bezeichnete die vor ihm liegende Aufgabe als Opfer, das er zu erbringen habe, denn in Bayern und im Reich müsse er politische und konfessionelle Gräben überwinden. Er erhielt das Zugeständnis, sich die Minister seiner Regierung selbst zusammenstellen zu können. Dies war in der konstitutionellen Monarchie mehr als außergewöhnlich. Das Innenministerium übernahm der mit Ludwig in Freundschaft verbundene Maximilian von Soden-Fraunhofen. Die weiteren fünf Staatsminister hatten sich in der Ministerialbürokratie und im Offizierskorps emporgearbeitet. Die Berufung des zentrumsnahen Ministeriums Hertling verlieh dem Königreich einen konstitutionell-parlamentarischen Charakter, der politische Spielräume für die Volkssouveränität zu eröffnen schien. Dessen ungeachtet beharrten die Protagonisten darauf, dass das monarchische Prinzip von der neuen Konstellation unberührt bliebe. In seiner Regierungserklärung machte Hertling es dann konsequenterweise zum Grundsatz seines Programms, die Monarchie in Bayern zu stärken und dieser Maxime konkrete Handlungen folgen zu lassen.

TOD DES PRINZEN LUITPOLD

Laut einem ärztlichen Gutachten vom Oktober 1912 litt der 91-jährige Prinzregent Luitpold an Arteriosklerose. Eine *»zeitweise Beeinträchtigung der Gehirnfunktionen gleiche sich aber wieder aus, so dass auch wieder normale Zustände einträten. Von einer Regierungsunfähigkeit oder Bestimmungsunfähigkeit sei [...] keine Rede.«* Der behandelnde Arzt, Professor von Angerer, urteilte, des Prinzregenten körperlicher Zustand habe sich etwas verbessert, sein Hinscheiden werde jedoch nicht mehr lange hinauszuzögern sein.

Am 10. Dezember 1912 fuhr Prinz Luitpold noch im Englischen Garten spazieren, zog sich jedoch tags darauf eine hartnäckige Bronchitis und Fieber zu. Der greise Regent verstarb am 12. Dezember gegen 5 Uhr morgens. Der bayerische Ministerrat hatte für diesen Fall vorsorglich beschlossen, den Prinzen Ludwig zu ersuchen, *»die ihm ipso jure angefallene Regentschaft zu übernehmen«*. Ferner wurde ein neuerliches Gutachten zum Gesundheitszustand des Königs Otto angefertigt. Per Bekanntmachung wurden Luitpolds Tod sowie die Amtsübernahme durch dessen Sohn Ludwig kommuniziert. Da das schwere Leiden König Ottos weiterbestehen würde, legten

Kaiser Wilhelm II., Prinzregent Ludwig und andere Bundesfürsten im Trauerzug für Prinz Luitpold. – Fotografie, 1912.

die »*Bestimmungen der Verfassungsurkunde [dem Prinzen Ludwig] als dem nach der Erbfolge-Ordnung nächstberufenen Agnaten die schwere Pflicht auf, die bestehende Reichsverwesung fortzusetzen*«.

Die Beisetzungsfeierlichkeiten für den Prinzregenten Luitpold fanden am 19. Dezember 1912 mit einem unerhörten Pathos statt. Leopold schrieb in seinen Lebenserinnerungen: »*[Die] Trauer im ganzen Lande war allgemein und aufrichtig. War Papas Stellung [...] nach der Königskatastrophe anfangs durchaus keine leichte gewesen, so hatte sich dies im Laufe seiner langjährigen Regentschaft gänzlich geändert; allgemein verehrt schied er aus dem Leben. [...] Die Anzahl der Beileidsbezeugungen war ungeheuer [...]. Der Deutsche Kaiser und die meisten Könige und Fürsten kamen, dem Nestor der Souveräne das Geleit bei der letzten Fahrt zu geben.*« Der düster-prunkvolle Trauerzug übertraf alles bisher Dagewesene. Direkt hinter dem Sarg seines Vaters Luitpold schritt der neue Prinzregent Ludwig zusammen mit dem Deutschen Kaiser. Abertausende von Menschen säumten die Straßen. Viele waren eigens mit der Eisenbahn nach München gereist.

AMTSANTRITT ALS PRINZREGENT LUDWIG

Prinz Ludwig hatte 26 Jahre lang als Nachfolger seines Vaters bereitgestanden. Als er 67-jährig selbst die Regentschaft übernahm, verfügte er über jahrzehntelange politische Erfahrung. Mit den maßgebenden Personen der bayerischen und reichsdeutschen Politik war er gut vernetzt. Sein Pflichtbewusstsein und seine religiöse Wertorientierung schienen ebenfalls gute Voraussetzungen zu sein. Ludwig eilte zwar der Ruf eines Konservativen voraus, aber dies wurde durch seine Aufgeschlossenheit in verfassungs-, wirtschafts- und sozialpolitischen Fragen mehr als kompensiert. Alle maßgeblichen politischen Kräfte in Bayern standen dem Prinzregenten zu Beginn positiv gegenüber. Selbst im Fall der Sozialdemokratie kann man von einer wohlwollenden Neutralität sprechen. Allgemein wurde davon ausgegangen, dass Ludwig ebenso überparteilich regieren werde wie sein Vater.

Die Presse nahm den Regentschaftsantritt wohlgesonnen auf. Die »Münchner Zeitung« fasste zusammen: *»Der neue Regent wird in den Blättern aller Richtungen mit Sympathie begrüßt. Einig in der Beurteilung seiner Persönlichkeit ist [...] die bayerische und außerbayerische Presse in der hohen Bewertung seiner Eigenschaften als Privatmann und als Familienvater, und ebenso einmütig werden sein weitreichendes Interesse an allen Fragen des öffentlichen Lebens und sein praktisches Verständnis für sie, namentlich für die Fragen der Volkswirtschaft, hervorgehoben.«* Die Frankfurter Zeitung wies jedoch darauf hin: *»Mit der Übernahme der Regentschaft durch den Prinzen Ludwig erhält die bayerische Regierung erst in Wirklichkeit ein einheitliches Gepräge, denn das Ministerium Hertling ist eigentlich von Anbeginn an das Ministerium des Prinzen Ludwig gewesen, während es mit dem Prinzregenten Luitpold durch keinerlei innere Gemeinschaft verbunden war. [... Seine] klerikale Grundstimmung und die persönliche Freundschaft, die ihn mit dem Ministerratsvorsitzenden Freiherrn von Hertling und besonders mit dem Minister des Innern, Freiherr von Soden, verbindet, wird eine feste Brücke zum Zentrum bilden.«*

Ludwigs verfassungsmäßiger Auftrag bestand darin, dem Auseinanderstreben der gesellschaftlichen Kräfte entgegenzuwirken. Die Verfassung sollte er nicht nur garantieren, sondern initiativ für deren Weiterentwicklung Sorge tragen. Er war gewillt, seine Macht aktiv-gestalterisch zu gebrauchen. Die Zusammenarbeit des Prinzregenten mit seinen Ministern war eng. Diese berichteten ihm im Rahmen von Audienzen ausführlich und holten seine Genehmigung für Gesetzesvorlagen, Personalentscheidungen, Ordensverleihungen und Ähnliches ein. Selbst während seiner Aufenthalte in Leutstetten wurden die Minister zum Vortrag befohlen. Die Hofdame Marie Freiin von Redwitz resümierte später: *»[Ludwig] galt als starrköpfig, nach kurzer Zeit aber äußerten sich die Minister, es arbeite sich leicht und angenehm unter ihm, da er in allen Ressorts so gut beschlagen sei und ihre Befugnisse nie beeinträchtigte; er regiere streng konstitutionell.«*

PLÄNE ZUR REGENTSCHAFTSBEENDIGUNG

Prinzregent Luitpold hatte trotz seiner persönlichen Beliebtheit zeitlebens die Annahme der Königswürde von sich gewiesen. Jegliche Pläne zur Regentschaftsbeendigung hatte er verweigert und darüber hinaus deren Erörterung untersagt, was nicht verhinderte, dass mehrfach öffentliche Diskussionen aufflammten. Nach seinem Tod am 12. Dezember 1912 wurde die Frage der Regentschaftsbeendigung schlagartig aktuell. Im Gegensatz zu seinem Vater spielte Prinz Ludwig seit Jahrzehnten mit dem Gedanken der Thronbesteigung. Bereits 1891 hatten sich seine politischen Verbündeten mit dem Vorschlag aus der Deckung gewagt, der 70-jährige Luitpold solle abdanken und Prinz Ludwig König werden. Fünf Jahre später war von einer Thronbesteigung Luitpolds die Rede, was als taktisches Manöver seines Sohnes gesehen wurde. Der bayerische Regierungschef von Crailsheim soll damals bemerkt haben, *»dass der eigentliche Regisseur der Bewegung Prinz Ludwig ist, der sich aber für seine Person geschickt hinter den Kulissen halte«*.

Diesmal war jedoch die Staatsregierung der treibende Motor. Die Verfassung bot allerdings keine Möglichkeit, einen regierungsunfähigen Monarchen abzusetzen. Daher war der einzige Weg, die Thronfolge zu eröffnen und das monarchische

Prinzip unangetastet zu belassen, ein Verfassungszusatz, der die Bestimmungen zur Regentschaft modifizierte. Innenminister von Soden hatte bereits vorgefühlt, ob Prinz Ludwig die Königswürde anzunehmen gewillt wäre. Dieser erklärte sich bereit, sich zum König zu proklamieren, falls *»er auf keinerlei Widerstand von Seiten der bürgerlichen Parteien zu stoßen Gefahr laufe«*. Der Justizminister regte daraufhin an, dass zur Beseitigung des *»äußerst misslichen Zustandes der lange andauernden Regentschaft«* mit den Landtagsparteien über eine Verfassungsergänzung verhandelt werden müsse. Sobald wenigstens erreicht sei, dass die bürgerlichen Parteien das Vorgehen billigten und die Sozialdemokraten keine Schwierigkeiten machten, sei *»aus der Mitte der Kammer der Reichsräte [an] den Prinzregenten Ludwig die Bitte zu richten, dass er die Königskrone übernehme«*.

Staatspolitisch war die Forderung nach einem vollsouveränen Herrscher verständlich. Die »Münchner Neuesten Nachrichten« forderten, dass der Regentschaft ein Ende bereitet und Prinz Ludwig zum König proklamiert werden solle. Da eine Thronbesteigung des neuen Prinzregenten als König Ludwig III. auch in der Bevölkerung auf positive Resonanz stoßen würde, verständigte sich der Ministerrat darauf, den vom Justizminister vorgeschlagenen Weg zu betreten. Die Minister waren der Meinung, *»sowohl die Interessen des Landes wie die bei allen patriotischen Bayern bestehende sichere Erwartung ließen den gegenwärtigen Augenblick als besonders günstig erscheinen«*. Die Einberufung des Landtags zum Zweck der Teilnahme am Regentschaftseid war für den 21. Dezember angesetzt. Ludwig selbst hatte jedoch Bedenken, den Regentschafts- bzw. Verfassungseid zu leisten, *»wenn er sich hinterher zum König mache«*. Er ließ sich schließlich überzeugen, *»dass er keinen Meineid leisten würde, da der König, dem er die Königsgewalt unvermindert zu übergeben beschwören werde, eben derjenige König sei, der bei Beendigung der Regentschaft an diese Stelle zu treten haben werde«*.

Hinter den Kulissen verhandelte die Regierung daraufhin mit dem Landtag. Hertling gelang es jedoch nicht, die Zustimmung der Landtagsparteien zu der Verfassungsergänzung zu erhalten. Zwar kündigten die Liberalen eine wohlwollende Prüfung an und die Reichsratskammer sicherte zu, einem positiven Votum der Abgeordnetenkammer beizutreten. Ausgerechnet die Zentrumsfraktion lehnte eine Verfassungsergänzung jedoch in einer internen Abstimmung ab. Dies wurde damit begründet, dass ein solches Vorgehen die Rechte des Monarchen zu beschränken drohe. Das Scheitern der Verfassungsergänzung machte den Plan der Regentschaftsbeendigung zunichte – zumindest für den Moment. Prinzregent Ludwig ließ Ende Dezember 1912 durch ein veröffentlichtes Schreiben wissen, dass er das Erbe seines Vaters in Treue zu verwalten gedenke. Er handle in diesem Sinne, wenn er *»im Hinblick auf die Bewegung, die wegen der Regentschaftsfrage durch das Land geht, es als [seinen] bestimmten Wunsch bezeichne, dass zurzeit von irgendwelchen Maßnahmen zur Beendigung der Regentschaft abgesehen werden wolle«*. Dies war jedoch ein taktischer Zug, um keine Diskussionen entstehen zu lassen und Zeit für einen erneuten Vorstoß zu gewinnen. Dieser musste allerdings besser vorbereitet sein.

VERHANDLUNGEN UM DIE KRONE

Die Presse hielt das Thema der Thronbesteigung am Leben. Die Münchner Zeitung wies etwa darauf hin, dass die Regentschaftsfrage trotz der Willensäußerung Ludwigs nicht vom Tisch war. Es scheine, dass *»das Scheitern der vom größten Teil des Volkes gewollten Änderung auch auf die Angst gewisser Parteikreise zurückführen [sei], bei einem Drängen in der Angelegenheit wegen Verfassungsbrüchigkeit verantwortlich gemacht zu werden«*. Die Wiederherstellung einer vollwertigen Monarchie lag auch im Interesse der Wirtschaft. So erklärte der bayerische Handelskammertag im Spätsommer 1913, man erachte es als *»dringend erwünscht, dass der gegenwärtige Zustand der Regentschaft beendigt wird und das Land wieder einen regierenden König erhält«*. Das Projekt der Regentschaftsbeendigung wurde auch vom Ministerratsvorsitzenden weiterverfolgt, wenngleich Generalstaatsanwalt und Justizminister zunächst abrieten.

Hertling war den größten Teil des Jahres 1913 damit beschäftigt, die Fraktionen der Abgeordnetenkammer davon zu überzeugen, dass Ludwig als König regieren müsse. Die Liberalen signalisierten ihre unverminderte Unterstützung, bis auch das Zentrum, die stärkste Fraktion, schließlich umschwenkte. Am 16. Oktober 1913 beschloss der Ministerrat, eine Gesetzesvorlage einzubringen – die Zustimmung des Regenten und bindende Erklärungen der Landtagsparteien vorausgesetzt. Einen Alleingang wollte Hertling allerdings nicht riskieren, daher wurde der Deutsche Kaiser durch Prinz Ludwig über das geplante Vorgehen informiert. Wilhelm II. warnte den Prinzregenten, einen König *»von Parlaments und Centrums Gnaden«* halte er für undenkbar. Nachdem der Kaiser jedoch durch seinen Gesandten ausführlich Bericht erstattet bekommen hatte, konnte am 23. Oktober 1913 vermeldet werden, *»dass Seine Majestät [der Kaiser] einer positiven Lösung der Frage jetzt sehr sympathisch gegenübersteht«*. Damit waren alle denkbaren Hindernisse aus dem Weg geräumt.

Prinzregent Ludwig führte in der Staatsratssitzung am 28. Oktober dennoch aus, *er »habe sich nicht darum bemüht, die Königswürde anzunehmen. Ihm wäre es das Liebste gewesen, wenn die Sache bis zur natürlichen Beendigung der Regentschaft hinausgeschoben worden wäre.«* Die notwendige Verfassungsänderung stand nach Ansicht der Regierung nicht im Widerspruch zum Gottesgnadentum und änderte nichts an der Thronfolgeordnung. Der Änderungsentwurf sah vor, dass eine Beendigung der Regentschaft durch den Regenten selbst möglich sei, wenn die Verhinderung des Königs seit zehn Jahren vorliege. Außerdem dürfe nach Ablauf dieser Frist keine Aussicht auf Wiederaufnahme der Regierungstätigkeit bestehen. Der Landtag solle lediglich nachträglich die Gründe für die Regentschaftsbeendigung anerkennen. Schließlich erklärte Ludwig für das Protokoll: *»Er habe Allerhöchstsich entschlossen, den vorgeschlagenen Weg zu betreten; Er sei bereit, das Opfer zu bringen, die Krone anzunehmen.«*

VON GOTTES GNADEN UND MIT PARLAMENTARISCHEM SEGEN?

Der Landtag debattierte bald darauf über die Verfassungsänderung. Die Abgeordnetenkammer stimmte der Vorlage am 30. Oktober 1913, allerdings mit den Gegenstimmen der Sozialdemokraten, zu, die Reichsrätekammer am 4. November einstimmig. Ludwig unterschrieb noch am gleichen Tag das verfassungsändernde Gesetz, das umgehend in Kraft trat. Am 5. November 1913 wurde eine Erklärung des Prinzregenten veröffentlicht, in der die Regentschaft für beendet und die Thronfolge für eröffnet erklärt wurden. Kurz darauf folgte die »Allerhöchste Bekanntmachung über den Regierungsantritt« König Ludwigs III. von Bayern.

Der Ministerrat benachrichtigte postwendend die beiden Landtagskammern, die den Gründen für die Regentschaftsbeendigung zustimmen mussten. Der Wortlaut der Königsproklamation zeigt, dass sich der König und die legitimistisch argumentierende Regierung auf das traditionelle Gottesgnadentum beriefen, obgleich man die Krone dem Landtag verdankte. Dies führte natürlich zu Verstimmungen: Die Liberalen fühlten sich betrogen, weil die Regentschaftsbeendigung – um das Legitimitätsprinzip und das Gottesgnadentum nicht anzutasten – bereits vor der Zustimmung des Landtags erfolgt war. Man war von einer tatsächlichen Mitwirkungsmöglichkeit ausgegangen. Für die Sozialdemokraten war die Angelegenheit ohnehin die Regelung eines monarchischen Familienbedürfnisses. Am 6. und 7. November 1913 stimmten die beiden Kammern des Landtags dennoch ohne Diskussion den Gründen für die Regentschaftsbeendigung zu.

Das »Berliner Tageblatt« fasste zusammen: *»Der Weg der Verfassungsänderung hätte zu einer sehr einfachen Aktion von Krone und Landtag führen können, wenn die Regierung nicht die Verpflichtung gefühlt hätte, das Legitimitätsprinzip und den Gedanken des Gottesgnadentums [...] zu retten.«* Die »Münchner Post« klagte, in nur 16 Minuten habe sich *»die Selbstabsetzung des Parlaments«* vollzogen, *»indem sich die bayerische Abgeordnetenkammer durch den Mund sämtlicher bürgerlicher Parteien da-*

mit einverstanden erklärte, dass man die Absetzung des Königs und die Proklamation König Ludwigs III. ohne ihre Mitwirkung herbeigeführt habe«.

Die Ironie der Geschichte ist unübersehbar: Der Prinz, der seit Jahrzehnten engagiertes Mitglied der Kammer der Reichsräte war und enge politische Kontakte zur Mehrheitsfraktion der Kammer der Abgeordneten pflegte, fürchtete, als König zu sehr in eine Abhängigkeit vom Parlament zu geraten. Konkrete Folgen im Verhältnis der Landtagsparteien zur Monarchie hatte die Regentschaftsbeendigung allerdings nicht. Die harsche Kritik der Parteien bezog sich nur auf die streng legitimistische Vorgehensweise der Regierung, nicht aber auf die Thronbesteigung König Ludwigs III. an sich.

»Wir haben daher als König
die Regierung des Landes angetreten
und von den Uns nach Gottes Gnade
zukommenden Königlichen Rechten
vollen Besitz ergriffen.«
KÖNIG LUDWIG III.

6 Auf dem Thron

DIE THRONBESTEIGUNG

Am Morgen des 5. November 1913 wurde die Königsflagge auf dem Dach des Wittelsbacher Palais gehisst. Zuvor war der feierliche Akt des Thronantrittes Ludwigs III. im Beisein der Staatsminister vollzogen worden. Nach dem geltenden Staatsrecht trat die Annahme der Königswürde durch den bisherigen Regenten von diesem Moment an in Kraft. Der Vorsitzende im Ministerrat benachrichtigte daraufhin die Präsidien der Landtagskammern. Ludwig teilte in einer formellen Proklamation mit: *»Wir haben daher als König die Regierung des Landes angetreten und von den Uns nach Gottes Gnade zukommenden Königlichen Rechten vollen Besitz ergriffen.«* Er führte die *»ernste Sorge um das Wohl des Landes«* an, die ihn zu diesem Schritt bewegt habe. Ebenso wie sein ältester Sohn Rupprecht, der nun als Kronprinz von Bayern firmierte, sah der unprätentiöse Ludwig in der Regentschaftsbeendigung ein dringliches Erfordernis für die Zukunftssicherung der Monarchie.

Marie Therese stieg an der Seite ihres Gemahls im Alter von 64 Jahren zur Königin von Bayern auf. Diese Rolle war mit erheblichen repräsentativen Aufgaben verbunden, wenngleich sie keine politische Funktion beinhaltete. Ludwigs regierungsunfähigem Vetter Otto wurden Titel und Ehrenrechte als König belassen.

Der Monarch verordnete als erste Amtshandlung, *»dass sämtliche Stellen und Behörden im Königreiche die amtlichen Bescheide von nun an in Unserem Königlichen Namen ausfertigen«*. Der Armee wurde gleichzeitig sein Gruß übermittelt, *»in der*

Thronbesteigung Ludwigs III. im Thronsaal der Münchner Residenz. Fotografie, 1913.

festen Überzeugung, dass es in unerschütterlicher Treue und erprobter Tapferkeit allzeit zu seinem obersten Kriegsherrn stehen wird«. Der Öffentlichkeit versicherte der König seine huldvolle Gesinnung und Treue und versprach, dass die *»Liebe des Volkes [...] auch fernerhin Unser Wirken geleiten werde, das auf das Wohl des geliebten Vaterlandes, auf sein Blühen und Gedeihen gerichtet ist«*. Aus Anlass der Thronbesteigung wurde zudem eine Amnestie erlassen.

Die Nachricht der Thronbesteigung verbreitete sich wie ein Lauffeuer. In München beflaggten sämtliche öffentlichen Gebäude und auch viele Privathäuser, so dass die Haupt- und Residenzstadt in weiß-blauen Farben prangte. Die Münchner Zeitung schilderte erste Reaktionen: *»Und wenn auch keine tiefgreifende Erregung zu spüren war wie in den Junitagen des Jahres 1886, so gab sich doch überall Anteilnahme an dem politischen Ereignis kund. Und die Bildnisse König Ludwigs III. und der Königin Therese, die bald darauf in den Schaufenstern vieler Kunst- und Papierhandlungen erschienen, wurden viel beachtet.«* Vor dem Wittelsbacher Palais bildeten sich neugierige Menschengruppen, und als der König nachmittags in den Englischen Garten ausfuhr, wurde er von der Bevölkerung herzlich begrüßt.

Die Thronbesteigung wurde mit großem Aufwand gefeiert. Zunächst leistete der Monarch am 8. November 1913 in der Residenz seinen Verfassungseid – ein feierlicher Akt mit aufgestellten Throninsignien. Ludwig betonte, es sei gelungen, *»in verfassungsmäßiger Form die Wiederherstellung des Zustandes zu ermöglichen, der dem Gedanken der Erbmonarchie, dem Geiste der bayerischen Verfassung und dem Empfinden des Volkes in gleicher Weise entspricht«*. Er hoffte, dass es ihm beschieden sei, *»die erfreuliche kulturelle und wirtschaftliche Entwicklung, die Bayern in den letzten Jahrzehnten genommen hat[te], in gemeinsamer Arbeit mit der Volksvertretung fortzuführen«*.

Auf die Eidesleistung folgte ein Festessen, das staatliche Repräsentanten vom Ministerratsvorsitzenden bis zu den Bürgermeistern kleiner Stadtgemeinden vereinigte. Ludwig sprach dabei Bekannte an und richtete, ganz in seinem Element, ein paar Worte an die ihm vorgestellten Personen. Ein Augenzeuge urteilte, es sei beinahe wie ein Familienfest gewesen. Über dem Festakt habe eine Atmosphäre von Verständnis und Vertraulichkeit gelegen.

Die Feierlichkeiten fanden am 12. November mit Gottesdiensten und einer Landeshuldigung ihren eindrucksvollen Abschluss. Morgens wurde in der Münchner Frauenkirche ein katholischer Festgottesdienst in Anwesenheit der Majestäten abgehalten. Im achtspännigen, goldenen historischen Krönungswagen, der mit der Königskrone und weiß-blauen Straußenfedern geschmückt worden war, fuhren Ludwig und Marie Therese vor. Die Straßen waren gesäumt mit Schaulustigen.

Nach dem Gottesdienst ging es zur Residenz, wo im Großen Thronsaal die Landeshuldigung stattfand. Neben der königlichen Familie nahmen daran die Abgeordneten der beiden Kammern des Landtags, Vertreter der Hof- und Staatsbeamten, der Armee, der Geistlichkeit, der Landkreise und der Gemeindebehörden teil, ebenso Repräsentanten von Kunst und Wissenschaft, Handel, Industrie, Gewerbe und Landwirtschaft. Abends war für die Teilnehmer in der Residenz ein abschließender Empfang anberaumt worden.

DIE MACHT DER KRONE

Nach der bayerischen Verfassung von 1818 war der König das Staatsoberhaupt und vereinigte in sich *»alle Rechte der Staats-Gewalt, und übt sie unter den von ihm gegebenen in der gegenwärtigen Verfassungs-Urkunde festgesetzten Bestimmungen aus«*. In der Theorie besaß im konstitutionellen Staat niemand größere politische Handlungs- und Entscheidungskompetenzen als der Monarch. Seit den 1860er-Jahren hatten sich jedoch Ministerrat, Landtag, Ministerialbürokratie und Geheimkanzlei zu maßgeblichen politischen Faktoren entwickelt. Angesichts dieses Wandels der Verfassungswirklichkeit stellt sich zwangsläufig die Frage nach dem tatsächlichen politischen Einfluss Ludwigs III.

Die konstitutionelle Monarchie basierte auf dem Gedanken des Kompromisses zwischen König, Regierung und Landtag. Insofern war der Monarch der wichtigste Ausgleichsfaktor der Politik. Ludwigs Stellung garantierte ihm Mitsprache in allen

Bereichen. Er allein hatte das Recht zur Ernennung und Entlassung der Staatsminister. Die Verfassung machte ihm hierbei keine Vorgaben, daher konnte er sich die Kandidaten aussuchen, die seinen Vorstellungen entsprachen. Somit bestimmte seine moralische Initiative den Staatskurs. Da die Regierung eng an ihn angebunden war, konnte Ludwig III. sie und den Landtag im Prinzip gegeneinander ausspielen. Dem König oblag zudem das Recht, den Landtag zu berufen, zu eröffnen, zu vertagen und zu schließen. Angesichts der großen Zahl an Bereichen, für die es Entscheidungen zu treffen galt, musste er sich jedoch auf das Spezialwissen der Regierung und der Bürokratie verlassen. Somit stand er in einem Netzwerk von Entscheidungsabläufen, die jegliches »persönliche Regiment« beträchtlich einschränkten.

Als Oberhaupt der Beamtenhierarchie kam dem König des Weiteren die Ernennung aller Staatsbeamten zu, die eine höhere wissenschaftliche, technische oder künstlerische Berufsbildung aufwiesen. Gesetze erlangten nur Geltung, wenn sie von ihm ausgefertigt und »Im Namen Seiner Majestät« verkündigt wurden. Aufgrund dieses Genehmigungsvorbehalts wurde Ludwig bereits in frühen Stadien über Regierungsvorhaben informiert und aktiv in diese eingebunden. Auf diese Weise erhielt er die theoretische Möglichkeit, auf sämtliche Gesetze auch inhaltlich einzuwirken. Ludwig stand es frei, bestimmten Interessen nachzugehen, er war aber nicht verpflichtet, seine Einflussmöglichkeiten auszuschöpfen. Mit welchem Erfolg er seine Exekutivvollmachten zur Geltung bringen konnte, hing also von vielen Variablen und nicht zuletzt von seiner persönlichen Geschicklichkeit ab.

Die Voraussetzungen für eine erfolgreiche Herrschaft brachte Ludwig mit: Sein Pragmatismus, seine Grundsatztreue, sein Selbstbewusstsein und seine politische Erfahrung wurden hochgeschätzt. Er war redegewandt und scheute sich nicht vor Konflikten. Sein Interesse für die Wirtschaft, seine Aufgeschlossenheit in sozialen und verfassungspolitischen Fragen sowie sein konstruktives Verhältnis zum Parlament hatten ihn bereits in der Zeit als Thronfolger zu einem Hoffnungsträger gemacht. Bei aller Offenheit und Volksnähe war er jedoch in kultureller Hinsicht erzkonservativ und dachte in der Frage des monarchischen Prinzips reaktionär.

Monarchie im Wandel

Die ungebrochene Stärke der konstitutionellen Monarchie am Vorabend des Ersten Weltkriegs ist erstaunlich, denn die Gesellschaft modernisierte sich in unvorstellbarem Tempo. Steigende Bildungs- und Lebensstandards, eine Vielzahl meinungsfreudiger Medien, selbstbewusste Parteien und ein rasanter Wertewandel hatten zu einer schnell wachsenden und zunehmend politisierten Öffentlichkeit geführt. Forderungen nach sozialer Gerechtigkeit, parlamentarischer Mitbestimmung und Verfassungsreformen nahmen zu. Seit den 1880er-Jahren waren oppositionelle und antimonarchische Gruppierungen erstarkt, etwa die radikale Bauernbewegung oder die sozialistische Arbeiterbewegung. Die grundsätzliche Zustimmung des Großteils der Bevölkerung wurde zunehmend mit dem Wunsch nach einer zeitgemäßen Herrschaft und der Durchsetzung des Prinzips der Volkssouveränität verbunden.

Wie lässt sich vor diesem Hintergrund der Erfolg der Monarchie begründen? Die Erklärung liegt vor allem in ihrer kulturellen Dimension: Das Königreich konnte auf ein symbolisch verdichtetes bayerisches Nationalbewusstsein seiner 6,9 Millionen Einwohner vertrauen. Die Monarchie diente als Symbol für Kontinuität und Verlässlichkeit und half durch ihre integrative Symbolkraft und einen reichen Fundus an Traditionen bei der Konstruktion kollektiver Identität. Der König personifizierte die abstrakte Einheit des Staates, stellte lebendige Geschichte dar und erfüllte die Funktion eines Bewahrers der heimatlichen, landschaftlichen und staatlichen Überlieferung.

Ihre erneuerte Attraktivität bezog die Monarchie Anfang des 20. Jahrhunderts daraus, dass sie sich trotz ihrer beharrenden Elemente stets neu erfand. Dies zeigt sich etwa an der flexiblen Reaktion auf gesellschaftsrelevante Debatten, am Aufgreifen zeitrelevanter Themen oder an der Verbürgerlichung ihrer Selbstdarstellung. Imagepflege gegenüber der Bevölkerung wurde zum wichtigen Faktor – und dazu nutzte die Monarchie eine enorme Bandbreite öffentlicher und medialer Inszenierungen. Dank dieser Mischung aus Tradition und Zukunftsgewandtheit diente sie auch in der klassischen Moderne als weithin akzeptierter Integrationsfaktor.

DIE RÜCKGEWINNUNG DER HANDLUNGSFÄHIGKEIT

Ludwig ging bereits als Prinzregent daran, den königlichen Hof neu zu ordnen und Schlüsselpositionen mit Vertrauten zu besetzen. Noch vor der Regentschaftsbeendigung gestaltete er die Verwaltung des königlichen Hofes nach seinen Vorstellungen um. An der Spitze des Hofstaats stand ab 1. Mai 1913 Obersthofmeister Albrecht Graf von Seinsheim. Ihm unterstanden unter anderem die Hofbau- und Hofgärtendirektion sowie der Hausschatz, zudem die Schlossverwaltungen der Residenz, des Wittelsbacher Palais, des Schlosses Nymphenburg und 15 weiterer Schlösser. Dem Oberstkämmereramt stand Hans Freiherr von Laßberg vor, der auch die Hofjagddirektion leitete. Als Oberstzeremonienmeister fungierte Maximilian Graf von Moy. Das Oberstallmeisteramt wurde von Wilhelm Freiherr von Leonrod geleitet. Klemens Freiherr von und zu Franckenstein präsidierte der General-Intendanz der Hoftheater und der Hofmusik. Ende 1914 trat Obersthofmeister Seinsheim in den Ruhestand. Zu seinem Nachfolger wurde Wilhelm Freiherr von Leonrod ernannt.

Eine weitere Schlüsselposition kam dem Leiter der Geheimkanzlei zu. Ludwig löste diese auf und übertrug die Kanzleigeschäfte dem neugeschaffenen Königlichen Kabinett, zu dessen Chef Otto von Dandl bestimmt wurde. Obgleich das Kabinett verfassungsmäßig nicht legitimiert und dem Blick der Öffentlichkeit entzogen war, spielte es eine wichtige Rolle im Entscheidungsgefüge der Monarchie: Dandl hielt dem Herrscher Vorträge in sämtlichen zivilen Angelegenheiten und wohnte den Audienzen der Minister bei. Militärische Angelegenheiten waren durch den Generaladjutanten Generalleutnant Wilhelm Walther von Walderstötten vorzutragen. Dieser wohnte den Vorträgen des Kriegsministers bei, bereitete Ludwig auf militärische Themen vor und beriet ihn bei der Entscheidungsfindung.

Regierung und König machten sich zudem daran, mehr finanzielle Bewegungsfreiheit zu erlangen. Dies war nötig, da die Zivilliste, also die staatliche Zuwendung an das Königshaus, seit 1876 nicht erhöht worden war. Aus diesem Topf wurden die Hofverwaltung, die Instandhaltung der Schlösser sowie Repräsentationsaufgaben finanziert und zudem die Millionenschulden Ludwigs II. bedient. Der preußische Gesandte berichtete, die finanzielle Lage der Wittelsbacher sei *»eine so prekäre [...], dass nur die lange Regentschaft im Verein mit der fabelhaften Bedürfnislosigkeit der beteiligten hohen Herren eine Katastrophe verhütete«*. Im November 1913 beschloss das Parlament auf Antrag der Regierung eine Erhöhung der Zivilliste um knapp 1,2 Millionen Mark. Damit verfügte die Monarchie finanziell wieder über ein solides Fundament.

MONARCHISCHE INSZENIERUNGEN

Nach der langen Prinzregentenzeit versuchte Ludwig III., den Nimbus der Königswürde wiederherzustellen. Die Jahre vor dem Ersten Weltkrieg stellen dabei in vielerlei Hinsicht den Höhepunkt monarchischer Festkultur dar. Doch nicht durch pompöse Inszenierung, sondern durch volksnahe Schlichtheit wollte Ludwig überzeugen. Die Residenz war ihm zu groß, daher bevorzugte er das vergleichsweise prunklose Wittelsbacher Palais. Festgottesdienste, Empfänge, militärische Ehrendienste, Bälle und Festaufführungen blieben dennoch konstante Elemente monarchischer Selbstdarstellung. Der König erschien zudem auf städtischen Feiern und verlieh den Verwaltungs-, Wirtschafts- und Kultureliten Orden als Dank für ihr Engagement. Er nahm unzählige Einladungen zu Wohltätigkeitsveranstaltungen, Einweihungen oder Sportveranstaltungen an. Darüber hinaus eröffnete der König Gewerbeausstellungen, besuchte Wirtschaftsverbände und ließ sich durch Fabrikanlagen führen.

Mit Ludwig III. hatte Bayern nach einer 27-jährigen Regentschaft wieder einen handlungsfähigen Monarchen. Die Attraktivität des Königstitels wurde nun gezielt für die gesellschaftliche Integration eingesetzt. Ludwig propagierte bei etlichen Gelegenheiten die wechselseitige Treueverpflichtung, die König und Volk eingegangen seien. Er war davon überzeugt, dass die Monarchie alle Gesellschaftsschichten und deren Interessen ausgewogen beachten müsse. Nicht nur die bürgerliche Ober- und Mittelschicht, sondern auch die ländlich-bäuerliche Bevölkerung, das Kleinbürgertum und das sozialdemokratische Milieu sollten der Gravitation des Hofes unterworfen werden. Eine Steigerung der Legitimität der Monarchie war langfristig nur möglich, wenn die gesamte Gesellschaft eingebunden wurde.

Dank des gut ausgebauten Eisenbahnnetzes war es Ludwig möglich, sich der Öffentlichkeit in ganz Bayern zu zeigen. In den beiden Sommern 1913 und 1914 unternahm er Repräsentationsbesuche in etlichen größeren bayerischen Städten. Die Zeitungen berichteten überschwänglich über die Landesreisen. Mit glänzendem Gefolge zog Ludwig allerorten durch Triumphpforten ein, an denen sich Schuljugend, Militär und Landwehr, Vereine, Korporationen und Bürgerschaft versammelt hatten. Empfänge, Ordensverleihungen, abendliche Serenaden und feierliche Brillantfeuerwerke mit sprühenden Königssymbolen boten die Glanzlichter dieser Besuche. In einer Zeit des sprunghaft anwachsenden Massenverkehrs zogen diese monarchischen Attraktionen immer mehr Menschen an.

Das bayerische Herrscherpaar besuchte im Sommer 1913 die Pfalz, Unterfranken und Mittelfranken. Dem Bürgermeister Nürnbergs dankte Ludwig für die gelungene Inszenierung: »*Die Zurufe der Bevölkerung, die glänzenden Veranstaltungen, die Fahrten durch die geschmückte und festlich beleuchtete Stadt, haben Eindrücke in uns wachgerufen, die wir nicht vergessen werden.*« Im Jahr 1914 beehrte Ludwig die 800-Jahr-Feier der Burg

Empfangskomitee in Regensburg während der Sommerreise König Ludwigs III. – Fotografie, 1914.

Wittelsbach, dann folgte ein Besuch Augsburgs. Im Juni wurde Regensburg bereist; daran schloss sich eine Fahrt mit einem Salondampfer über Straubing und Deggendorf nach Passau an, bevor es durch das Rottal ging. Auf jeder Station empfingen den König Salutschüsse und Glockengeläut. Wenig später ging es in die unterfränkischen Städte Ochsenfurt und Würzburg. Ludwig war mit dem Ergebnis seiner Landesreise zufrieden. Dem vormaligen Innenminister teilte er in einem Dankesbrief seine Freude über die eindrucksvolle *»Kundgebung vaterländischer Begeisterung und bayerischer Königstreue«* mit.

Ludwig Thoma schrieb unter seinem Pseudonym »Peter Schlemihl« im Sommer 1913 für den »Simplizissimus« den Text »Der neue Kurs«, in dem er sich satirisch mit den Popularisierungsbemühungen des Königshauses auseinandersetzte: *»Früher war das so in Bayern: / Jubiläen, große Feiern / waren nicht beliebt bei Hof […]. / Aber in dem letzten Jahre / ist ein Hin- und Hergefahre / auf der schnellen Eisenbahn; / jedes Mitglied von Vereinen / sieht jetzt oft und reichlich seinen / Fürsten in der Nähe an.*

[...] / Meier, Huber, Huber, Meier / werden sichtlich königstreuer / und für ihren Thron entflammt. / Und trotz aller Widersacher / wird das Haus der Wittelsbacher / intensiver angestammt.« Wenngleich die Landesreisen teils sarkastisch kommentiert wurden, zollte man dem Herrscher für seine Repräsentationsbemühungen weithin Respekt. Die Monarchie erfuhr durch Ludwig eine deutlich verstärkte Präsenz. Dies stellte sie auf eine breitere legitimatorische Basis, die über Verfassung, Gottesgnadentum und monarchisches Prinzip hinausging.

MONARCHIE UND MEDIEN

Zu Beginn des 20. Jahrhunderts hatten sich Literatur, Publizistik und Werbemaßnahmen zum Thema Monarchie außerordentlich intensiviert. König Ludwig III. stand im Rampenlicht der Medienöffentlichkeit. Täglich wurde über repräsentative Auftritte des Königs berichtet, etwa über Staatshandlungen, Ansprachen, Regimentsbesuche, Audienztermine, Denkmalenthüllungen und Reisen. Gleichzeitig wurde über Ereignisse aus dem privaten Alltag des Herrschers geschrieben. In Schulbüchern war der Anteil monarchiebezogener Stoffe beträchtlich, aber auch auf wissenschaftlichem Niveau existierte eine umfangreiche Literatur über diesen Themenkomplex.

Insbesondere durch geschickte mediale Inszenierung wurden Persönlichkeit und Programmatik des Königs einem breiten Publikum nähergebracht: Das Kabinett versandte Pressenotizen über die Aktivitäten des Monarchen an alle bedeutenden Tageszeitungen. Durch weitere Veröffentlichungen und Festschriften wurde versucht, den König zum gütigen Landesvater zu stilisieren. Ludwig selbst wandte sich durch Erlasse, Tagesbefehle und Briefe an die Öffentlichkeit. Um die Regierungspolitik im gewünschten Sinne darstellen zu können, schuf Hertling mit königlichem Einverständnis im Jahr 1913 mit der »Bayerischen Staatszeitung« ein eigenes staatliches Presseorgan. Die erste Ausgabe betonte, ihre vornehmste Aufgabe sei *»die Pflege des monarchischen Gedankens, die Liebe zum angestammten Herrscherhaus, sowie die Förderung der Interessen aller Volkskreise«.*

»Kaisermanöver«: Karikatur Olaf Gulbranssons aus dem »Simplicissimus«, 1909.

Neben die publizistischen Erzeugnisse trat die Dimension der Bilder. Mehrfach wurde Ludwig III. von Friedrich August von Kaulbach und anderen prominenten Malern verewigt. Hoffotografen produzierten Porträts, die von Verlagen in Auflagen von bis zu 100 000 Stück verbreitet wurden. Vom König wurden die Fotografien mit wertvollem Rahmen und Unterschrift bei verschiedenen Anlässen persönlich verschenkt. Nach Ludwigs Regierungsantritt wurden Porträtfotografien in allen öffentlichen Einrichtungen, Schulen und Behörden aufgehängt. Die Monarchie profitierte zudem von einem neuen Massenmedium: Es wurde selbstverständlich, die Herrscher bei öffentlichen Auftritten zu filmen. Kaiser Wilhelm II. nahm mit mehr als 320 Aufnahmen den Spitzenplatz der meistgefilmten Personen bis 1918 ein, während König Ludwig III. auf immerhin 64 Leinwandauftritte kam.

Die durch die Medien geschaffene Sichtbarkeit war jedoch schwer zu kontrollieren. Die Spezialnummer »Manöver« des »Simplizissimus« im Jahr 1909 enthielt eine Karikatur, die den Prinzen Ludwig an der Seite von Kaiser Wilhelm II. so unvorteilhaft darstellte, dass es als Verhöhnung aufgefasst wurde. Trotzdem riet die Staatsanwaltschaft von einem Einschreiten ab, da eine *»mit einer Freisprechung endende öffentliche Verhandlung zweifellos noch peinlicher empfunden werden musste, als die Veröffentlichung des taktlosen und anstößigen Bildes selbst«*. Der Straftatbestand der Majestätsbeleidigung zog zwar um den Monarchen rechtliche Schutzräume, diese wurden allerdings kaum ausgereizt. Mediale Monarchieskandale ließen immerhin einen Austausch zwischen König und Öffentlichkeit als modernes Kommunikationsmodell durchsetzbar erscheinen.

DIE BAYERISCHE MONARCHIE IM DEUTSCHEN REICH

Bayern behielt im Deutschen Reich seine Dynastie sowie das Recht auf eine eigene Verfassung, Zuständigkeiten in der Gesetzgebung, der Gerichtsbarkeit und der Verwaltung. Darüber hinaus besaß das Königreich besondere Hoheitsrechte – so genannte Reservatrechte –, die es von der Reichsgesetzgebung in den wichtigen Bereichen des Eisenbahnwesens, des Post-, Telegrafen- und Militärwesens befreiten. Zwischen den eigenen Ansprüchen und der Verfassungswirklichkeit klaffte jedoch eine große Lücke: Die Selbstständigkeit und der Einfluss des süddeutschen Königreichs waren seit 1871 stetig geschwunden. Nach den Vorstellungen des überzeugten Föderalisten Ludwig III. sollte Bayerns Gewicht daher künftig deutlich vergrößert werden. Die Interessenvertretung in Berlin sicherte dabei der Gesandte Hugo Graf von und zu Lerchenfeld. Dieser langjährige persönliche Freund des Königs fungierte zugleich als Bevollmächtigter der bayerischen Krone im Bundesrat.

Zwar konnte keine unabhängige bayerische Außenpolitik mehr verfolgt werden, jedoch blieb Bayern das Recht zur Entsendung eigener Diplomaten. Man unterhielt daher Gesandtschaften in einigen deutschen und ausländischen Staaten. Der Vatikan, Österreich-Ungarn, Frankreich, Großbritannien, Russland und Italien hatten im Gegenzug Diplomaten beim bayerischen König akkreditiert. Daneben hatte Bayern den ständigen Vorsitz im Bundesratsausschuss für auswärtige Angelegenheiten inne, der die institutionelle Mitsprachegarantie der Bundesstaaten sicherstellte. Im Jahr 1912 erklärte der bayerische Ministerratsvorsitzende Hertling selbstbewusst, für die deutsche Außenpolitik seien auch die Bestrebungen der Bundesstaaten von Bedeutung.

Ludwig versuchte, durch symbolpolitisches Handeln seinen Teil zur nationalen Repräsentation beizutragen: Nacheinander stattete er den Hauptstädten der wichtigsten Bundesstaaten sowie Österreich-Ungarns Antrittsbesuche ab. Im März 1913 wurde ihm in Berlin von Kaiser Wilhelm II. ein pompöser Empfang bereitet. Überschwänglich bekräftigte Ludwig dort seine Bündnistreue: *»Eure Majestät dürfen gewiss sein, dass ich die von meinen Vorgängern in der Regierung Bayerns dem Deutschen Reiche erwiesene Treue stets bewahren werde, im engsten Zusammenstehen mit Eurer Majestät und den übrigen deutschen Fürsten an den hohen Aufgaben und der Entwicklung des Reiches in guten und bösen Tagen mitzuwirken.«* Die folgenden Antrittsbesuche gingen nach Sachsen, Württemberg Baden und Hessen – auf dem

Kaiser Wilhelm II. und Prinzregent Ludwig führen den Zug der deutschen Fürsten bei der Jahrhundertfeier der Befreiungskriege an. – Fotografie, 1913.

Programm standen stets Galatafeln, Festgottesdienste und Militärparaden –, bevor ein Aufenthalt in Wien die offiziellen Besuche abschloss.

Im August 1913 lieferte Bayern einen eigenständigen Beitrag zur nationalen Völkerschlachterinnerung. Ludwig selbst bestimmte, dass *»am 25. August 1913 bei der Befreiungshalle in Kelheim eine […] Feier zur Erinnerung an die Ereignisse des Jahres 1813 veranstaltet werde«*. Diese patriotische Nationalfeier sollte *»als eine Manifestation der nationalen Einheit und des Zusammenhaltens sämtlicher deutscher Fürsten und Stämme an dem nationalen Gedanken«* ausgestaltet werden. Beinahe alle Bundesfürsten nahmen teil, ebenso die Bürgermeister der Freien Hansestädte, der Reichskanzler und eine große Zahl an geladenen Gästen. Tausende Schaulustige standen Spalier, um einen Blick auf den Kaiser, den bayerischen Herrscher und die übrigen Bundesfürsten zu erhaschen. Die Veranstaltung präzisierte nach Ansicht des österreichischen Gesandten *»neuerdings* *die hervorragende Stellung, die Bayern als zweitgrößter Staat im Bunde einnimmt. [...] Da das Fest mit dem Höchsten Namenstage Seiner Königlichen Hoheit des Prinzregenten zusammenfiel, [...] trug es gleichzeitig auch den Charakter einer persönlichen Huldigung aller Teile Deutschlands für den ehrwürdigen Regenten.«* Ludwig pries in seiner Begrüßungsansprache die Verdienste der bayerischen Monarchie um die deutsche Nation an. Diese symbolpolitischen Bemühungen verschafften ihm nicht nur reichsweite Popularität, sondern verdeutlichten auch seinen Anspruch auf größeren Einfluss.

INNEN- UND REFORMPOLITIK VOR DEM ERSTEN WELTKRIEG

Sein innenpolitisches Engagement richtete Ludwig III. auf sozial- und wirtschaftspolitische Themen aus, da die Misere der Arbeiterschaft zum vordinglichen Problem geworden war. Die Berufung des zentrumsnahen Ministeriums Hertling erwies sich jedoch als Problemfall, da Regierung und Zentrumsfraktion in der Abgeordnetenkammer versuchten, die Sozialdemokratie, die Liberalen und die Gewerkschaften durch Gesetze und Verordnungen zu behindern und gleichzeitig ihre konservative Agenda umzusetzen. Diese kompromisslose Politik gegen die parlamentarische Opposition führte zu Misstrauen und Erbitterung. Die dringlichste Aufgabe des Königs sollte es daher in dieser Phase sein, den Platz oberhalb des tagespolitischen Streits einzunehmen.

König Ludwig III. blieb seiner Linie treu und ließ einen moderaten Ausbau der staatlichen Sozialpolitik zu. Im Jahr 1913 sah seine Regierung die Unterstützung der Arbeitslosenversicherung vor, die von einigen Kommunen in Zusammenarbeit mit den Gewerkschaften eingerichtet worden war. Während die Abgeordnetenkammer der sozialpolitischen Fördermaßnahme zustimmte, lehnte die Kammer der Reichsräte sie nach lebhafter Debatte im April 1914 ab. Als Argument gegen die staatliche Unterstützung wurde angeführt, die Gelder würden vor allem den sozialistischen Gewerkschaften zufließen. Stattdessen entschied man, die Summe den Kommunen direkt zur

Arbeitslosenbeihilfe zuzuschießen. Dies lehnte wiederum die Kammer der Abgeordneten mit großer Mehrheit ab.

Der im Juni 1913 vom Verkehrsminister erlassene Eisenbahnerrevers, der das Streikrecht für Staatsarbeiter verhinderte, bewirkte hitzige Konfrontationen im Parlament. Insbesondere das Verhältnis der Sozialdemokratie zur Regierung wurde auf diese Weise dauerhaft beschädigt. Eine Verhärtung der politischen Fronten zeigte sich auch in der Frage des konfessionslosen Moralunterrichts, gegen den die katholische Zentrumspartei vehement agitierte.

Nicht zu Unrecht galt die Reichsrätekammer als reaktionäre Vertretung adeliger Großgrundbesitzer. Als seitens der liberalen Parteien daher Reformforderungen laut wurden, gewährte Ludwig III. seiner Regierung freie Hand. Im Dezember 1913 verkündete Hertling vor der Abgeordnetenkammer, die Regierung werde einen Reformvorschlag erarbeiten – was ihm den seltenen Beifall der liberalen und sozialdemokratischen Fraktionen einbrachte. Einen Monat später relativierte der Ministerratsvorsitzende seine Pläne jedoch vor der Reichsrätekammer. Daraufhin wurden zudem Forderungen nach einer Neugestaltung des erst 1906 reformierten Wahlrechts zur Kammer der Abgeordneten laut. Unter anderem wurden eine Einführung des Verhältnis- sowie des Frauenwahlrechts ins Spiel gebracht. Zentrum und Regierung lehnten diese Forderungen wiederum ab.

Der halbherzige Versuch des Ministerratsvorsitzenden Hertling, die Liberalen zu einem Bündnis der bürgerlichen Parteien zu gewinnen, musste misslingen. Der König teilte trotz seines grundsätzlichen Reformwillens mit seinen engsten Beratern Hertling, Soden, Dandl und Lerchenfeld auf vielen Gebieten dieselbe konservative Agenda, die die verhärteten Fronten erst hervorgerufen hatte. Bis zum Ausbruch des Ersten Weltkriegs sollte sich daher auf keinem der großen innenpolitischen Streitfelder zwischen der Regierung, dem Zentrum und den liberalen und sozialdemokratischen Oppositionsparteien eine Annäherung abzeichnen. Zudem blieben Reformen angesichts der nötigen Zustimmung der reaktionären Reichsrätekammer meist zum Scheitern verurteilt.

In allen Punkten wird deutlich, wie abhängig der impulsgebende König von den parteipolitischen Bruchlinien war. Angesichts der Reformblockade war es für Ludwig III. schier unmöglich, die Monarchie aus dem parteipolitischen Streit herauszuhalten. Hatte er sich als Prinz noch selektiv und mit Erfolg auf den attraktiven Feldern der Wirtschafts- und Wissenschaftspolitik einbringen können, wurde er nunmehr mit der Misere im Bereich der Verfassungsreformen und der Sozialpolitik in Verbindung gebracht. Erschwerend kam hinzu, dass der fast 70-Jährige weder die Entscheidungsfreudigkeit noch die Diplomatie dafür aufbrachte, die verfahrene innenpolitische Situation zu verbessern.

»Es sind sehr schwere und ernste Zeiten,
denen wir entgegengehen.
Aber ich vertraue darauf,
dass das bayerische Volk
wie seit vielen Jahrhunderten
auch jetzt in Treue zu seinem Herrscherhause
stehen wird.«
König Ludwig III.

7 Der Monarch im Ersten Weltkrieg

DIE JULIKRISE

Am 28. Juni 1914 fielen in Sarajewo Schüsse auf den österreichischen Thronfolger Franz Ferdinand und dessen Gattin. Ganz Europa reagierte mit Entsetzen auf den Mord, in den der serbische Geheimdienst verwickelt war. Auch in Bayern wurde die Nachricht schockiert aufgenommen. Ludwig III. hörte in Würzburg von dem Attentat, als er an den Feierlichkeiten zur hundertjährigen Zugehörigkeit Unterfrankens zu Bayern teilnahm. Abrupt wurden die Festveranstaltungen abgebrochen. Dem österreichischen Kaiser wurde telegrafisch die Anteilnahme ausgesprochen, und Ludwig kehrte eilends nach München zurück.

In Berlin fürchtete man, dass Österreich-Ungarn an Prestige verlieren würde, falls es sich nicht gegen den Affront wehrte. Die Reichsleitung war von der Legitimität eines österreichischen Vorgehens gegen Serbien überzeugt und ging mit einem »Blanko-Scheck« an ihren Bundesgenossen ein beträchtliches Risiko ein. Während die Politik hinter den Kulissen handelte, schien alles seinen normalen Gang zu gehen: Der Kaiser begab sich auf seine alljährliche Nordlandreise, selbst leitende Militärs fuhren in den Urlaub. Dies geschah nicht, um das Ausland zu täuschen, sondern weil man davon ausging, dass der Konflikt auf den Balkan begrenzt bleiben würde. Andererseits versuchte die deutsche Diplomatie für den denkbaren Fall eines europäischen Krieges, Russland die Rolle des Aggressors zuzuschreiben.

Die Bundesstaaten wurden von der Reichsleitung nicht in die Entscheidungen eingebunden. Am 1. Juli eröffnete Ludwig III. eine Ausstellung in den »Prinz-Ludwig-Hallen« auf der Theresienhöhe. Bevor er sich zum Sommerurlaub nach Leutstetten aufmachte, brachte er seine Landesreise durch die bayerischen Städte zum Abschluss. Die bayerische Regierung hätte zweifellos versuchen können, diplomatisch auf Wien und Berlin einzuwirken. Selbst bei einer nachdrücklichen Forderung nach Mitbestimmung hätte man es jedoch kaum vermocht, eine Zuspitzung der internationalen Lage zu verhindern. Die in München eintreffenden Gesandtschaftsberichte zeugen von der Informiertheit der Regierung, jedoch wurde die Krise in der Sitzung des Ministerrats am 15. Juli 1914 nicht einmal angesprochen. Das Recht zur Einberufung des Bundesratsausschusses für auswärtige Angelegenheiten, das der bayerischen Regierung zustand, wurde ebenfalls nicht in Anspruch genommen.

DAS AUGUSTERLEBNIS

Am 25. Juli 1914 wurde bekannt, dass Serbien das österreichische Ultimatum zurückgewiesen hatte. In München sowie jeder größeren deutschen Stadt versammelten sich Menschenmassen, um auf die Extraausgaben der Zeitungen zu warten. Rege Diskussionen zur politischen Lage beherrschten das Geschehen. Spontane antiserbische und antirussische Kundgebungen folgten. Das bayerische Königshaus wurde vom Ausmaß des Entrüstungssturmes überrascht. Die Königstochter Wiltrud notierte, sie hörte im Wittelsbacher Palais *»einen lang dauernden Lärm durch die kühle dunkle Nacht zum offenen Fenster herein«*. Die Prinzessin erfuhr, *»das Volk sei vor dem Palais und wolle den König sehen, um ihm die Treue zu beweisen«*. Ludwig III. war indes für die euphorischen Massen nicht verfügbar, da er in Leutstetten weilte. Als später erneut eine Menschenmenge vor dem Wittelsbacher Palais erschien, vermerkte Wiltrud: *»Es war erhebend, ohne dass man viel verstand. Alle wollten Papa sehen, ihm eine Ovation bringen. Begeistert klang die Hymne, die Wacht am Rhein, das Deutschland, Deutschland über alles.«*

Die als »Augusterlebnis« mythologisierte Hochstimmung beschränkte sich auf national gesinnte Kreise und das städtische Bürgertum. Dramatische Szenen spielten sich in München vor dem serbischen Generalkonsulat sowie dem Café Fahrig ab, dessen Besitzer eine serbenfreundliche Einstellung unterstellt wurde. Dieser Radaupatriotismus fand sein Gegenstück im nationalistischen Pathos der Intellektuellen. Vielfach drückte sich bei den meist jungen Demonstranten jedoch nicht Kriegsbegeisterung, sondern Neugier und Übermut aus. Die Sozialdemokratie rief gleichzeitig zu deutschlandweiten Antikriegskundgebungen auf.

Im ländlichen Bayern, wo die Krise vor allem Besorgnis hervorrief, kam es zu irrationalen Reaktionen: Fremde Automobile wurden als feindlich betrachtet und untersucht, zudem wurden deutsche Flugzeuge irrtümlich beschossen. Kronprinz Rupprecht befremdeten die *»unglaublichsten Gerüchte von verbrecherischen Anschlägen russischer und serbischer Agenten«*, die sich in München ausbreiteten. Die dortige Polizei mahnte zur Mäßigung, da die Volksaufläufe Formen angenommen hätten, *»die man nicht mehr nationaler Begeisterung allein zugute rechnen könne«*.

Der nach München zurückgekehrte Ludwig III. wurde eilends über den Stand der Dinge informiert. Im Vorgarten des Wittelsbacher Palais versammelte sich am 26. Juli abermals eine Menschenmenge. Als der König auf dem Balkon erschien, brachen Hochrufe aus. Zwei Tage später erklärte Österreich-Ungarn Serbien den Krieg. Der Königssohn Rupprecht notierte, dies sei *»mit lautem Beifall begrüßt [worden], nicht zum wenigsten in München, wo stürmische und begeisterte Kundgebungen vor der österreichischen Gesandtschaft erfolgten«*. Angesichts der sich zuspitzenden Lage, öffentlicher Stimmungsmache und immer neuer Gerüchte war der bayerische König ein Getriebener, dem nichts übrig blieb, als sich mahnend vor die Protestbewegung zu stellen. Ludwig spiegelte dabei geschickt die Sorgen und Ängste, aber auch die Begeisterung der Bevölkerung wider. Vom Balkon des Wittelsbacher Palais herab sprach er am 30. Juli *»kurz aber ernst und eindrucksvoll zu den Versammelten, sie* *sollen sich jetzt beruhigen, dass man noch nicht so weit wäre, aber dass die Zeit sehr ernst sei«* und dass er sie *»wahrscheinlich bald unter Waffen sehen«* werde. Tags darauf erklärte er: *»Es sind [...] sehr schwere und ernste Zeiten, denen wir entgegengehen. Aber ich vertraue darauf, dass das bayerische Volk wie seit vielen Jahrhunderten auch jetzt in Treue zu seinem Herrscherhause stehen wird.«*

KRIEGSAUSBRUCH

Nach der österreichischen Kriegserklärung an Serbien am 28. Juli 1914 verschärfte sich die internationale Lage in rasender Geschwindigkeit. Die verhängnisvolle Dynamik der Bündnissysteme machte aus der österreichisch-serbischen Krise binnen weniger Tage einen europäischen Flächenbrand. Alle beteiligten Akteure – Deutschland und Österreich-Ungarn, aber auch Russland, Frankreich und Großbritannien sowie Serbien – trugen eine Mitschuld an dieser Eskalation. Russland beantwortete den Angriff auf Serbien am 30. Juli mit der Mobilmachung gegen Österreich. Tags darauf reagierte die Habsburgermonarchie gegen das Zarenreich gleichermaßen. Die deutsche Regierung teilte Russland mit, dass sie ein Vorgehen gegen Österreich nicht unbeantwortet lasse. Zudem wurde ein Ultimatum an Frankreich gestellt, das die Zusicherung der Neutralität verlangte. Der Kaiser unterzeichnete, nachdem er am 31. Juli den Zustand drohender Kriegsgefahr in Kraft gesetzt hatte, am 1. August den Befehl zur Mobilmachung.

Der französische Ministerresident in München hatte noch gehofft, Bayern werde einer deutschen Kriegsvorbereitung nicht Folge leisten. Ein solcher Sonderweg war jedoch völlig undenkbar. Kurz nachdem der Kaiser die Bundestruppen einberufen hatte, gab Ludwig III. die Mobilisierungsorder für die bayerische Armee aus. Die Königstochter Wiltrud befand stolz: *»Wie herrlich sticht hervor, dass Bayern doch die größte Selbstständigkeit besitzt gegenüber anderen Staaten, denn im Reiche außer Bayern verhängte den Kriegszustand Kaiser Wilhelm II., hier aber Papa.«*

Ludwig III. trat am Nachmittag des 1. August auf den Balkon des Wittelsbacher Palais, wo ihn Hochrufe empfingen. Der versammelten Menschenmenge rief der König zu, er sei zuversichtlich, dass sich seine Soldaten *»im Verein mit ihren deutschen Brüdern ebenso wie vor 44 Jahren tapfer schlagen werden und [er] hoffe zu Gott, er möge sie ehrenvoll und mit Sieg gekrönt wieder in die Heimat zurückkehren lassen«.* Die bayerische Regierung instruierte den Bundesratsbevollmächtigten, der deutschen Kriegserklärung an Russland zuzustimmen. Prinzessin Wiltrud erlebte ihren Vater am Abend erschöpft: *»Papas Nerven [sind] herunter, man denke [an] die Spannung vorher und jetzt die Verantwortung.«* Der österreichische Gesandte berichtete am 2. August, Ludwig habe sich *»in sichtlich tief bewegter Stimmung über die [...] mit einem allgemeinen europäischen Brande drohende Lage«* geäußert.

Die Kriegserklärung an Frankreich erfolgte am 3. August. Am selben Tag begann die deutsche Besetzung Belgiens. Dessen Schutzmacht Großbritannien erklärte daraufhin dem Deutschen Reich und Österreich-Ungarn am 4. und am 8. August den Krieg. Der Erste Weltkrieg hatte begonnen.

Die bayerische Armee im Ersten Weltkrieg

Die dem Königreich Bayern nach 1871 zugestandenen Rechte umfassten den Erhalt der königlich-bayerischen Armee. Mit dem Inkrafttreten des Mobilmachungsplans wurde das bayerische Feldheer aus dem I., II. und III. bayerischen Armeekorps, dem I. Reservekorps, der Kavallerie- und der Ersatzdivision sowie der Kriegsbesatzung der Festung Germersheim aufgestellt. Die planmäßige Stärke der bayerischen Armee bezifferte sich im August 1914 auf 12 753 Offiziere, Beamte, Ärzte und Veterinäre sowie 406 000 Unteroffiziere und Mannschaften. Diese Zahlen sollten sich stetig erhöhen: Im Frühjahr 1918 zählte das bayerische Feldheer 550 000, die gesamte bayerische Armee etwa 910 000 Soldaten und Offiziere. Damit leistete zu diesem Zeitpunkt jeder achte Bayer unmittelbaren Militärdienst. Im gesamten Kriegsverlauf sollte es sogar jeder Fünfte werden.

Während der ersten anderthalb Monate nach dem Kriegsausbruch wurde das bayerische Feldheer geschlossen und unter einem bayerischen Oberbefehlshaber, sogar mit einem bayerischen Generalstab, eingesetzt – zum letzten Mal in seiner Geschichte. Die Bewahrung dieser relativen militärischen Eigenständigkeit gelang jedoch nicht dauerhaft. Ab Anfang 1915 waren die bayerischen Bataillone auf alle Kriegsschauplätze der Ost- und Westfront verteilt. Eine zusammenhängende bayerische Armee wie zu Kriegsbeginn existierte zum Unmut Ludwigs III. nicht mehr. Zwar blieb bei den Soldaten das Bewusstsein der Zugehörigkeit zur bayerischen Armee bestehen. Die politische Funktion der 1870/71 ausgehandelten Selbstständigkeit des bayerischen Heeres – welches die hervorgehobene Bedeutung des süddeutschen Königreichs im Kaiserreich unterstreichen sollte – drohte sich jedoch im Verlauf des gemeinsamen Kriegserlebnisses aufzulösen.

DIE MOBILGEMACHTE MONARCHIE

Ludwig III. war formal »Allerhöchster Kriegsherr« der bayerischen Armee, verzichtete jedoch – anders als Wilhelm II. – darauf, eine fiktive Kommandostelle einzunehmen. Der Kaiser hatte den Oberbefehl über die Bundesarmee übernommen, überließ aber dem Großen Generalstab die Leitung der Operationen. In München strömten laut Prinz Leopold *»die Urlauber, die Reservisten und dann die Landwehrleute zu ihren Regimentern. Blumengeschmückt marschierten sie in ihre Kasernen, vom Publikum jubelnd begrüßt, die ganze Einwohnerschaft der Haupt- und Residenzstadt war von einer patriotischen Begeisterung erfüllt, die Straßen und Plätze voll von einer dichtgedrängte Menge, welche jeder Truppe, jedem höheren Offizier und den Mitgliedern der königlichen Familie Ovationen brachte.«* Leopold berichtete weiter, Ludwig III. habe es sich nicht nehmen lassen, *»die hiesigen Regimenter, soweit es ihm möglich war, vor ihrem Abtransport zu verabschieden, wie ebenso später die Reserve- und Landwehrdivisionen«*. Bis zum 16. August 1914 wurden in Bayern mehr als 5500 Militärzüge mit rund 285 000 Wagen abgefertigt, die Truppen und Gerät in das Aufmarschgebiet an der deutschen Westgrenze abtransportierten.

Im Gegensatz zu Ludwig III. war dessen ältester Sohn, der 45-jährige Kronprinz Rupprecht, als militärischer Führer mehr als geeignet. Im Zuge seiner Militärlaufbahn hatte dieser die 7. Infanteriebrigade, die 1. Division und das I. Armeekorps geführt und stand seit 1913 der IV. deutschen Armeeinspektion vor. Rupprechts jüngerer Bruder Franz war ebenfalls Berufssoldat. Bevor die beiden Königssöhne ins Feld zogen, wurden sie vom Vater zu Unterredungen empfangen. Ludwig sprach eindringlich mit Franz und überreichte ihm den Säbel, den er im Jahr 1866 im Gefecht bei Helmstadt getragen hatte. Rupprecht wurde ermahnt: *»Die Lage ist ernst, aber mit dem Segen Gottes und unserer ausgezeichneten Armee hoffe ich, dass wir siegen werden.«*

Der Kaiser setzte Ludwig III. am 1. August davon in Kenntnis, dass er, *»das dortige Einverständnis voraussetzend, durch Order vom heutigen Tage den General-Obersten Kronprinzen von Bayern, Königliche Hoheit, für die Dauer des mobilen Verhältnisses zum Oberbefehlshaber der 6. Armee [...] ernannt habe«*. Wilhelm II. betonte in einem Telegramm, er habe *»unbedingtes Vertrauen«* zu Rupprechts Führung und fügte hinzu: *»[W]ie 1870 werden Bayern, Preußen und Badener als deutsche Brüder kämpfen und siegen.«*

Die Feuerprobe der Prinzen ließ nicht lange auf sich warten: Während sich drei deutsche Armeen in den ersten Kriegstagen durch Belgien vorkämpften, schlug die 300 000 Mann starke Truppe des Kronprinzen Rupprecht am 20. August 1914 in der »Schlacht in Lothringen« zwei französische Armeen nahezu vernichtend. Ludwig III. rief in München einer jubelnden Menge zu, er sei *»stolz und glücklich«*, dass sein Sohn es gewesen sei, der den ersten Schlachtenerfolg errungen habe. Die »Staatszeitung« berichtete: *»Wie in München, so haben in Berlin und allen anderen Städten schon gleich mit dem Eintreffen der Siegesnachricht patriotische Kundgebungen stattgefunden.«* In der Folge stieg Rupprecht zu einem regelrechten bayerischen Nationalhelden auf. Nach beachtlichen Erfolgen in den ersten Kriegswochen kamen die Operationen jedoch im Spätherbst 1914 zum Stillstand. Im Schützengrabenkrieg wurden die

Truppen nach und nach zermürbt. Ein Ende der Operationen war nicht mehr absehbar.

KÖNIGLICHE FRONTREISEN

Ludwig III. besuchte die Fronten des Ersten Weltkriegs unzählige Male. Dank dieser erheblichen Anstrengungen, die sogar die Landesreisen der Vorkriegsjahre in den Schatten stellten, konnte der König glaubhaft seine Stellung als »Allerhöchster Kriegsherr« wahrnehmen und den Soldaten seine landesväterliche Treue vermitteln. Wenige Wochen nach Kriegsausbruch trat Ludwig III. die erste dieser Frontreisen an, die ihn ins Große Hauptquartier führen sollte. Bis 1918 besuchte Ludwig an der Westfront bayerische Feldtruppen in Lothringen, im Elsass, in Nordfrankreich, in Flandern sowie in Belgien. Seine Fahrten an die Ostfront brachten ihn nach Schlesien, Galizien, Polen, auf den Balkan, nach Weißrussland sowie in die Ukraine. Ein Besuch der kaiserlichen Marine führte ihn auch nach Norddeutschland.

Auf dem Programm standen neben offiziellen Besuchen bei führenden Militärs stets Truppenbesichtigungen, Begutachtungen von Einrichtungen des Roten Kreuzes sowie Militärparaden und Ordensverleihungen. Symbolisch bedeutsam war Ludwigs Besuch von Verdun. Der König sprach den Truppen im Juli 1916 Dank und Anerkennung aus *»für ihre heldenmütige, sieggekrönte Tapferkeit in dem Ringen vor Verdun, dem schwersten Kampfe, den die Kriegsgeschichte kennt«*. In Sedan gedachte er der bayerischen Soldaten, die dort viereinhalb Jahrzehnte zuvor im Deutsch-Französischen Krieg gefallen waren. Am Bayern-Denkmal in Bazeilles legte er einen Kranz nieder, der die Aufschrift trug: *»Zum Andenken an die im Jahre 1870 gefallenen Bayern und zur Ehre ihrer Kameraden, die vor zwei Jahren auf den gleichen Schlachtfeldern ihr Leben dem Vaterlande geopfert haben.«* Die Zeitungen berichteten im Februar 1915 überschwänglich, wo auch immer sich Ludwig gezeigt habe, sei *»er von den Truppen mit stürmischem Jubel begrüßt [worden]; auch die Truppen nichtbayerischer Kontingente stimmten begeistert in die Huldigungen ein«*.

Frontbesuch König Ludwigs III. im wiedereroberten Lemberg. – Fotografie, 1915.

Den Frontreisen kam nach Ansicht des österreichischen Gesandten *»eine größere ethische Bedeutung zu«*. Gerade für die bayerischen Soldaten, die vielfach nicht in deutsch-patriotischem Überschwang in den Krieg gezogen waren, besaß die Bindung an den König hohe Relevanz. Viele waren im Glauben an die Verteidigung des Heimatlands ins Feld gezogen. Ludwig vermittelte den Soldaten das Bild einer ausgleichenden Instanz und diente als Identifikationsfigur. Dies wurde bei einer Vielzahl von Paraden deutlich, die vom Monarchen an der Front abgenommen wurden. Für die Soldaten, die ihn persönlich zu Gesicht bekamen, bedeutete dies eine herausgehobene Ehre. Der großen Bedeutung der Sichtbarkeit Ludwigs III. an der Front war man sich bewusst. Kronprinz Rupprecht ließ den Generaladjutanten seines Vaters wissen, er sei der *»Überzeugung, dass die Allerhöchsten Besuche Seiner Majestät, die von den bayerischen Truppen stets freudigst begrüßt werden, in hervorragender Weise dazu beitragen, das bayerische Nationalbewusstsein und die Anhänglichkeit an das bayerische Königshaus zu erhalten und zu befestigen«*.

Ludwig III. war es möglich, eine kritische Distanz zur militärischen Strategie zu artikulieren, wenngleich dies ein gewisses Risiko barg. Die sich verschärfenden Konflikte, die mit der Heeresleitung General Erich von Falkenhayns ausgetragen wurden, hatten jedoch zumeist politische Ursachen. Ab 1915 befürchtete Ludwig eine Änderung der Militärkonvention mit Preußen, welche die Grundlage für die bayerische Sonderstellung bildete. Die dynastischen Grenzen sollten auch unter militärischen Gesichtspunkten nicht verschwinden. Bereits im August 1914 hatte sich Ludwig empört, als seinem Sohn Rupprecht ein preußischer Generalstabschef zugewiesen werden sollte: *»Wenn man uns nicht braucht, dann soll man überhaupt den Bund sein lassen.«* Verstimmt über die Informationspolitik der Reichsstellen erklärte er: *»Wenn mir aus Berlin Nachrichten als streng vertraulich mitgeteilt werden, so habe ich sie gewöhnlich schon drei Tage vorher in der Zeitung gelesen; das geht nicht an und ist ungehörig. […] Ein König von Bayern hat das volle Anrecht darauf, über alles informiert zu werden.«* Öffentliche Kritik vermied Ludwig jedoch, um einen Affront gegenüber dem Kaiser zu vermeiden.

Der lange schwelende Konflikt zwischen der Obersten Heeresleitung und der bayerischen Monarchie kam 1916 nichtsdestotrotz voll zum Ausbruch. Insbesondere der Kronprinz forderte die Abberufung des Chefs der Obersten Heeresleitung. Obgleich durch den Angriff auf Verdun die allgemeine Kritik an General von Falkenhayn wuchs, verstrich das Frühjahr, ohne dass Ludwig III. die Gelegenheit zum Austausch mit dem Kaiser wahrgenommen hätte. Rupprecht klagte: *»Der Kaiser weilt noch immer in Berlin. Wenn nur mein Vater ihn wieder einmal aufsuchen wollte, um mit ihm Rücksprache zu nehmen. Ich bat so darum!«* Es ergebe sich *»eine nie wiederkehrende Gelegenheit, durch Aufrollung wichtiger Fragen der Außenpolitik im Bundesrate […] großen Einfluss und entsprechendes Ansehen im Reiche zu erlangen«*.

Die militärische Lage erfüllte Ludwig zunehmend mit Sorge. Ende Juni 1916 kam es zum Treffen mit dem Kaiser, bei dem er diesen auf eine Neuregelung der Kommandoverhältnisse ansprach. Erst als sich jedoch Kronprinz Rupprecht im August 1916 mit fundamentaler Kritik an den Chef des kaiserlichen Militärkabinetts wandte und die Kriegserklärung Rumäniens endgültig das Vertrauen Wilhelms II. in die Heeresleitung erschütterte, wurde Erich von Falkenhayn entlassen. Sein Nachfolger als Chef des Großen Generalstabs wurde der populäre Generalfeldmarschall Paul von Hindenburg, dem Erich Ludendorff als 1. Generalquartiermeister zugeteilt wurde. Dies markierte einen entscheidenden Wendepunkt sowohl in der deutschen Kriegführung als auch in der Dynamik der politischen Verhältnisse im Kaiserreich.

WITTELSBACHER AN ALLEN FRONTEN

Fast alle bayerischen Prinzen meldeten sich zum Kriegsdienst. Prinzessin Wiltrud hielt am 2. August 1914 in ihrem Tagebuch fest: *»So sind denn alle jungen Prinzen eingerückt […]. Eine so intensive Mobilisierung ist 1870 nicht gewesen.«* Rupprecht hatte das Oberkommando über die 6. Armee inne, und damit über das gesamte bayerische Feldheer. Franz, der drittälteste Sohn des Königs, übernahm das Kommando über das 2. bayerische Infanterieregiment. Im Kriegsverlauf nahm er an der Sommeschlacht und der Herbstschlacht von La Bassée und Arras teil, erlebte den Stellungskrieg in Flandern und befehligte die Erstürmung des Forts Douaumont sowie die Grabenkämpfe um Fort Thiaumont vor Verdun. Zuletzt war seine Division zwischen Maas und Mosel eingesetzt.

Neben den beiden Königssöhnen Rupprecht und Franz wurde deren Vetter Prinz Heinrich im August 1914 ebenfalls an die Front berufen. Er fand zunächst Verwendung als Eskadronschef im 1. Schwere-Reiter-Regiment, danach übertrug man ihm das Kommando des 3. Bataillons im Infanterie-Leibregiment. Als Bataillonskommandeur stand er in Frankreich und in Serbien, bevor er im Sommer 1915 zum Alpenkorps nach Südtirol versetzt wurde. Zurück an der Westfront, nahm er 1916 an den Kämpfen vor Verdun teil. Prinz Heinrich fiel im November 1916 im Alter von 32 Jahren an der rumänischen Front. Sein Tod bezeugte für viele, dass nicht nur das Volk, sondern auch die Dynastie große Opfer zu erbringen habe. Ein weiterer Vetter der Königssöhne, Prinz Georg, diente bis Kriegsende als Nachrichtenoffizier in verschiedenen hohen Stäben der Ostfront und in Palästina. Sein Bruder Konrad war zunächst im 1. Schwere-Reiter-Regiment eingeteilt. Später kam er als Major zum Stab des 2. Schwere-Reiter-Regiments, wo er in der Ukraine eingesetzt wurde. Herzog Ludwig Wilhelm, der Chef der herzoglichen Nebenlinie des Hauses Wittelsbach, wurde zunächst als Zugführer bei der 4. Eskadron des 3. Chevaulegier-Regiments verwendet, nach seiner Beförderung zum Major führte er die 5. Eskadron. Dessen Vetter, der 24-jährige Herzog Luitpold, zog 1914 mit dem 1. Ulanen-Regiment ins Feld. Ab 1915 diente er als Nachrichtenoffizier, unter anderem beim Stab des Chefs des Generalstabs des Feldheeres.

Prinz Ludwig Ferdinand, ein Vetter des Königs, wirkte als leitender Arzt der chirurgischen Abteilung des Garnisons-Lazaretts München, dann in der Fürsorgeabteilung des Königlichen Reserve-Lazaretts daselbst. Ludwig III. verlieh ihm die Dienstgradbezeichnung »Obergeneralarzt à la suite des Sanitätskorps«. Sein Sohn Prinz Adalbert fand Verwendung im 1. Feldartillerie-Regiment, später wurde er zum 2. Schwere-Reiter-Regiment überwiesen. Ab Anfang 1918 diente Adalbert erneut im 1. Feldartillerie-Regiment. Ludwig Ferdinands Bruder, Prinz Alfons, wurde dem Generalkommando des 3. bayerischen Armeekorps zugeteilt.

Prinz Leopold, der jüngere Bruder Ludwigs III., hatte als pensionierter Generalfeldmarschall zunächst keine Verwendung gefunden. Dank der Fürsprache des Königs wurde ihm jedoch im Frühjahr 1915 der Oberbefehl über die 9. Armee an der Ostfront anvertraut. Wenig später unterstellte man ihm eine ganze Heeresgruppe. Die von ihm befehligten Armeen nahmen am 5. August 1915 die polnische Hauptstadt Warschau ein. Über Nacht stieg damit auch Leopold zum Kriegshelden auf. München erlebte eine Siegesfeier auf dem Königsplatz, anschließend zog eine jubelnde Menge vor das Wittelsbacher Palais. Ludwig III. rief den Menschen zu: »*Warschau, diese starke Festung, ist genommen und was mich besonders freut, ist, dass es meinem Bruder Leopold, [...] der sein ganzes Leben der Armee gewidmet hat, jetzt beschieden war, die Armee zu führen, die siegreich in die Festung eingezogen ist.«*

Wenngleich sich das knappe Dutzend bayerischer Prinzen ab 1915 auf nahezu alle Kriegsschauplätze verstreut wiederfand – von Flandern und Rumänien bis in den Kaukasus, von Palästina über Weißrussland und Verdun –, blieb es durch die Medienberichterstattung in der Heimat stets präsent. Insbesondere siegreiche Heerführer wie Kronprinz Rupprecht und Prinz Leopold eigneten sich hervorragend zur Stilisierung als Kriegshelden.

Im Sommer 1916 stiegen ebendiese beiden Wittelsbacher Armeeführer militärisch weiter auf. Für Rupprecht wurde der Posten eines Heeresgruppenführers im Westen geschaffen, während Leopold die Stellung des Oberbefehlshabers Ost übernahm. Zuvor waren beide in den Rang eines Generalfeldmarschalls befördert worden. Rupprecht berichtete seinem Onkel Leopold im September 1916, seine Heeresgruppe stehe an der Somme *»in dem schwersten und verlustreichsten Kampfe, den wir überhaupt hatten«*. Letztlich gelang es der Heeresgruppe Kronprinz von Bayern, die massiven Angriffe abzuwehren. Im April 1917 setzten bei Arras und am Chemin des Dames-Höhenzug in der Picardie abermals heftige Angriffe auf die Heeresgruppe ein. Ende Juli 1917 begann im Raum Ypern eine neue Flandernschlacht. Die Heeresgruppe wehrte auch diese schweren britischen Angriffe unter großen Verlusten ab, was dazu führte, dass die deutsche Propaganda den bayerischen Königssohn zum »Wächter an der flandrischen Front« stilisierte.

Als im März 1917 die Herrschaft des russischen Zaren in revolutionären Wirren zusammenbrach, gelang es den deutschen Truppen unter Prinz Leopold, die russischen Linien zu durchbrechen. Dies führte zu großen Geländegewinnen in Galizien und der Bukowina. Von Leutstetten aus gratulierte Ludwig III. seinem Bruder überschwänglich: *»Es bleibt für alle Zeiten ein Ruhmesblatt in der Geschichte Bayerns und seines Königshauses, dass in diesem schweren Kriege unter der Führung eines bayerischen Prinzen im Osten gegen eine Überzahl von Feinden glänzen-*

de Erfolge erzielt und gleichzeitig im Westen ebenfalls unter der Führung eines bayerischen Prinzen Angriffe eines übermächtigen Gegners von noch nie dagewesener Stärke siegreich abgeschlagen wurden. Dass dabei auch bayerische Truppen [...] sich rühmlich ausgezeichnet haben, erhöht meine Freude und die Bedeutung dieses ruhmvollen Kriegsabschnittes.«

Am 3. September 1917 wurde unter dem Oberbefehl des Prinzen Leopold die Stadt Riga eingenommen. In der Heimat rief die Siegesnachricht erneut großen Jubel hervor, zumal man hoffte, dass damit das endgültige Kriegsende gekommen war. Die russische Regierung konnte sich nun nicht mehr halten: Am 7. November 1917 übernahmen die Bolschewiki die Macht in Petrograd und erbaten kurz darauf einen Waffenstillstand. Ludwig III. verfolgte die Waffenstillstands- und Friedensverhandlungen von Brest-Litowsk gespannt. Seinem Bruder schrieb er, im Osten sei der Friede angebahnt und im Westen dürfe man *»nach allen Anzeichen auch auf einen nicht zu fernen, guten Ausgang rechnen«*. Nach monatelangen Verhandlungen wurde am 3. März 1918 ein Separatfrieden mit Russland unterzeichnet, der jedoch nicht zu einem allgemeinen Frieden führte.

»Eine Stärkung des Deutschen Reiches
und eine Ausdehnung über seine Grenzen hinaus,
soweit dies notwendig ist, damit wir gesichert
sind gegen künftige Angriffe, das soll die Frucht
dieses Krieges sein.«
König Ludwig III.

8 Der König und die Heimatfront

KÖNIG IN SCHWEREN ZEITEN

Am 4. August 1914 wurde im Reichstag der so genannte »Burgfrieden« besiegelt. Diesem innenpolitischen Versöhnungsakt verlieh der Kaiser durch einen vielzitierten Satz Ausdruck: *»Ich kenne keine Parteien mehr, ich kenne nur noch Deutsche.«* Selbst die SPD stimmte im Reichstag den Kriegskrediten zu. Die Fraktionen der bayerischen Abgeordnetenkammer bekannten sich ebenfalls einhellig zum Krieg und zum Burgfrieden. Von dieser Einmütigkeit profitierte die Monarchie als nationales Symbol. Über die Staatszeitung verbreitete Ludwig III. mehrere Aufrufe und ließ keinen Zweifel an seiner Interpretation, der Krieg sei von außen aufgezwungen worden: *»Es gibt kein Haus, das nicht Teil hätte an diesem frevelhaft uns aufgedrungenen Krieg.«* Pathetisch mahnte er, es gelte *»das Reich zu schützen, das wir in blutigen Kämpfen mit erstritten haben«.*

Die breite Zustimmung von Öffentlichkeit, Parteien und Presse, die den Kriegsausbruch begleitet hatte, sollte jedoch bald verblassen. Der erhoffte rasche militärische Sieg blieb aus, hunderttausende Soldaten wurden verwundet oder ließen ihr Leben. Ein Ende der Kampfhandlungen war auch nach Jahren nicht absehbar. Der Krieg wirkte auf etliche innenpolitische Probleme wie ein Katalysator. Nach und nach wurde der Burgfrieden brüchig, was sich in Protesten, Forderungen nach Frieden und einer Modernisierung des politischen Systems ausdrückte. Die soziale Lage an der Heimatfront verschlechterte sich zunehmend. Daneben kam die Vertretung bayerischer Interessen gegenüber dem Reich auf die Tagesordnung. Ludwig III. sah sich gezwungen, Lösungen für all diese Angelegenheiten zu präsentieren.

Der König wiederholte durchgehend die Botschaft des Burgfriedens und inszenierte sich als fürsorglicher Landesvater. Die enge Verbindung von Front und Heimat hob er bei zahllosen Gelegenheiten hervor.

Der König erließ mehrere Amnestien, die vor allem symbolische Bedeutung hatten, da sie ihn als barmherzige Instanz akzentuierten. Noch wichtiger wurde jedoch die Verleihung von Orden und Auszeichnungen, durch die sich die Monarchie der Unterstützung von Bürgertum und Soldaten zu versichern suchte. Neben dem zivilen Verdienstorden der bayerischen Krone, dem Militärverdienstorden und dem Militärverdienstkreuz wurde ab 1916 massenhaft das neugeschaffene »König-Ludwig-Kreuz« verliehen, als Zeichen der Anerkennung für Personen, die sich *»durch dienstliche oder freiwillige Tätigkeit in der Heimat besondere Verdienste um das Heer oder die allgemeine Wohlfahrt des Landes erworben haben«*. Ludwig war zudem um ein Entgegenkommen gegenüber der Arbeiterschaft bemüht, da er befand, es sei von allen Teilen der Bevölkerung, besonders von den Arbeitern, *»alles getan worden, um den Krieg zu fördern und keine Schwierigkeiten zu bereiten«*.

Er wurde nicht müde, an die Opferbereitschaft der Nation zu appellieren: *»In bewährter deutscher Treue steht Bayern zu Kaiser und Reich, ungebrochen, unbezwingbar beschützen Meine Bayern ihr liebes Heimatland, bis für Kind und Kindeskind der heißersehnte glückliche Friede erkämpft ist.«* Die Realität des Krieges ließ die Rhetorik der »Bayerntreue« jedoch zunehmend verblassen. Die Überbetonung des Treuekonzepts ließ dieses schleichend an Wirkungskraft einbüßen. Ohnehin konnten die zahllosen Treue- und Durchhalteaufrufe, die von Ludwig III. an die Öffentlichkeit gerichtet wurden, am Kriegsverlauf nichts ändern.

DIE ERNÄHRUNGS- UND WIRTSCHAFTSKRISE

In ökonomischer Hinsicht war man auf den Kriegsfall kaum vorbereitet. Nachdem ein schnelles Kriegsende ausblieb, wurde begonnen, die Wirtschaft staatlich umzuorganisieren. Die kriegsbedingte Zentralisierung benachteiligte Bayern wirtschaftlich. Das Statistische Landesamt wies im Frühjahr 1918 nach: »*Bayerns Volksvermögen hat sich während des Krieges [...] nicht so günstig entwickelt, wie es im Vergleich zu anderen deutschen Bundesstaaten, insbesondere zu Preußen, wünschenswert gewesen wäre.*« Die Umstellung von der Friedens- auf die Kriegsproduktion verursachte zudem eine größere Arbeitslosigkeit, wobei in Bayern besonders die industriell geprägten Gebiete um Nürnberg und Fürth betroffen waren. Um einen Teil der Kriegsmilliarden nach Bayern zu lenken, setzte sich Ludwig III. persönlich für die Errichtung von Filialniederlassungen großer Firmen der Rüstungsindustrie ein. Neben der Erbauung eines Krupp-Werks wurden in München beispielweise die Bayerischen Motorenwerke gegründet, die Automobile und Flugzeuge herstellten.

Trotz Rationierung waren einige Nahrungsmittel bald nur noch auf dem Schwarzmarkt erhältlich. Noch dramatischer waren jedoch die Preissteigerungen. Zwischen städtischen Verbrauchern und landwirtschaftlichen Produzenten entstanden Animositäten. Die Verbitterung der hungernden Massen richtete sich gegen Wucherer und Spekulanten. Ludwig ließ sich fortgehend über die Ernährungslage aufklären, jedoch wurden die Handlungsspielräume lange nicht effektiv genutzt. Obgleich die Regierung die Lage durch verschiedene Maßnahmen etwas verbessern konnte, nahm die Lebensmittelknappheit in den Städten ernste Ausmaße an. Zunehmend litt die Autorität der Behörden, die das Gebiet der Ernährungspolitik nicht zu ordnen vermochten.

Auf dem Münchner Marienplatz kam es am 17. Juni 1916 zu ersten größeren Ernährungsunruhen. Ludwig setzte als Antwort darauf vier Tage später die Bildung eines »Beirats für das Ernährungswesen« durch, der mit einigem Erfolg agierte. Im September 1916 ließ er den Innenminister zudem wissen: »*Unter den Vorschlägen, durch die besonders in den Städten die Lage der von den Ernährungsschwierigkeiten bedrängten Bevölkerungskreise erleichtert werden soll, erscheint Mir der Gedanke, in großzügiger Weise Volksküchen und ähnliche öffentliche Speiseanstalten einzurichten, vorzugsweiser Berücksichtigung und nachdrücklicher Unterstützung wert.«* Zur Stärkung dieser Einrichtungen wandte er 200 000 Mark auf. Auch in der Residenz wurde eine Kriegsküche eingerichtet. Der König stellte zudem Geldspenden und Lebensmittel für Bedürftige zur Verfügung. Der Hofgarten wurde angewiesen, größere Mengen Gemüse anzupflanzen, und das bei Hofjagden geschossene Wild wurde zu niedrigen Preisen an die Bevölkerung abgegeben.

Zwar wurde vor allem die Staatsregierung für die Ernährungskrise verantwortlich gemacht, aber auch das Königshaus geriet in die Kritik. Im Jahr 1916 wurden Gerüchte laut, der Hof bereichere sich auf Kosten der Bevölkerung. Es wurde behauptet, Ludwig III. fordere für die Milch aus Leutstetten einen höheren Preis als üblich und verkaufe diese nach Preußen, anstatt sie auf dem bayerischen Markt zu belassen. In Wirklichkeit ging die Milch an Kinderheime in Nürnberg. Im Mai 1917 bemühte sich die Staatszeitung durch den Artikel »Über die Milcherzeugung auf dem Kgl. Gute Leutstetten-Rieden« um eine Richtigstellung der Gerüchte. Zudem wurde die Lebenshaltung des Königshauses vereinfacht. Prinz Leopold schrieb: *»[B]ei Sr. Majestät und dessen Familie war die Verpflegung auf das Einfachste reduziert, und wirkte bei festlicheren Veranstaltungen nahezu dürftig.«* Aus diesem Grund befand er, *»dass der König mit seiner Familie eingedenk der Not des Volkes geradezu darbte«*. Das ist natürlich stark übertrieben. Wenngleich die Diners einfacher ausfielen, so waren sie zumindest üppig, während der Großteil der Bevölkerung sich mit Wassersuppe, Steckrüben und schlechtem Brot begnügen musste.

DAS FÜRSORGLICHE KÖNIGSHAUS

Der bayerische König bemühte sich um eine angemessene Rolle als fürsorglicher Landesvater und soziale Instanz. Von Beginn an betonte er sein Mitgefühl gegenüber Soldaten, Kriegsopfern und deren Familien. Er rief wiederholt zu Sammlungen für die Verwundeten- und Angehörigenfürsorge auf. Diese unterstützte er durch großzügige Spenden; ebenso wendete er dem Roten Kreuz Gelder zu. Das Königspaar und weitere Mitglieder des

Hauses traten unablässig bei Wohltätigkeitsveranstaltungen auf und unterstützten private und öffentliche Initiativen. Anlässlich der Goldenen Hochzeit Ludwigs und Marie Thereses im Februar 1918 wurden Spendenaufrufe gestartet, zu denen der König fast zehn Millionen Mark für wohltätige Zwecke beisteuerte. Durch die Gelder wurde unter anderem die »König-Ludwig-III.-und-Königin-Marie-Therese-von-Bayern-Landesstiftung« begründet, die der Fürsorge für Säuglinge, Kleinkinder und kinderreiche Familien diente.

Die Königin hatte das Protektorat über den »Bayerischen Frauenverein vom Roten Kreuz« inne, der neben dem »Bayerischen Landeshilfsverein vom Roten Kreuz« die Hauptlast der freiwilligen Krankenpflege trug. Sie widmete dieser Aufgabe ihre ganze Kraft. Mit Kriegsbeginn stellte sie sich an die Spitze der Fürsorgeaktion und rief die *»Frauen und Jungfrauen Bayerns«* öffentlich dazu auf, *»nach Kräften mitzuwirken zur Linderung der Not«*. Sie versicherte: *»Soldaten die ihr ins Feld zieht, Ich, die Königin, sage euch, Eure tapferen Frauen und eure lieben Kinder sollen nicht Not leiden.«*

Für die heimkehrenden Verwundeten wurden fortwährend Lazarette eingerichtet, wofür auch öffentliche Gebäude in Anspruch genommen wurden. Ludwig III. stellte mehr als ein Dutzend Schlösser zur Verfügung. Aus der königlichen Kasse wurden die Installation von elektrischem Licht, die Errichtung von Operationssälen sowie die Anschaffung von Betten und Wäsche bezahlt. Das Königspaar besuchte fast täglich Lazarette. Gesellig unterhielt man sich mit den Soldaten, fragte nach der Regimentszugehörigkeit, dem Ort der Verwundung und nach dem Befinden. Meist entstand ein Erinnerungsfoto im Kreis der Lazarettinsassen. Üblicherweise erhielt jeder Soldat ein Geschenk – gewöhnlich eine Postkarte mit dem Bildnis Ludwigs III., zudem ein Heftchen mit Soldatenliedern und Zigaretten.

In alter Familientradition boten viele Wittelsbacher tatkräftig karitative Arbeit an. Prinzessin Therese, die Schwester des Königs, eröffnete ein Lazarett in ihrer Villa in Lindau. Zwei seiner Cousins, Ludwig Ferdinand und Alfons, dienten der Verwundetenfürsorge: Ersterer als Arzt in den Münchner Reserve-Lazaretten, Letzterer als Ehrenpräsident des Bayerischen Landeskomitees für freiwillige Krankenpflege. Die Königstöchter Hildegard und Helmtrud arbeiteten für das Rote Kreuz, während ihre Schwestern Wiltrud und Gundelinde sich in der Angehörigenfürsorge betätigten. Prinzessin María de Pilar war ebenfalls für das Rote Kreuz tätig. Prinzessin Gisela, eine Schwägerin des Königs, richtete ihr Münchner Palais als Erholungsheim für verwundete Offiziere ein. Prinzessin Therese, eine weitere Schwägerin des Königs, unterhielt ein Lazarett auf ihrem Gut Holzen. Herzogin Maria José in Bayern funktionierte zwei ihrer Häuser zu Krankenhäusern um. Diese sozialen Bemühungen waren für das Ansehen der Monarchie von unschätzbarem Wert.

Die Königstochter Hildegard als Rot-Kreuz-Schwester im Ersten Weltkrieg. – Fotografie, 1915.

Marie Therese richtete in den Nibelungensälen der Residenz eine Werkstatt für die Herstellung von Wäsche und Verbandszeug ein. Zwischen 600 und 800 Freiwilligen wurde dort gut bezahlte Heimarbeit ermöglicht. Diese »Kriegsarbeitsstelle des Frauenvereins vom Roten Kreuz« wurde bald zur größten Nähstube Deutschlands und ermöglichte die Versorgung abgehender Truppen und Lazarette. Die Königin arbeitete persönlich mit, ebenso wie manche Prinzessinnen. Die Königstochter Wiltrud berichtete, ihre Mutter und sie *»waren während des Krieges mehrmals in der Woche zur Handarbeit in den Nibelungensälen«*. Die Königin nahm dann an einem der Tische Platz und arbeitete *»mit Nadel, Schere und Fingerhut ganz das Gleiche […], wie die anderen freiwilligen Helferinnen«*.

Daneben bestand die karitative Tätigkeit des Königshauses in der Sammlung von »Liebesgaben« für die Armee. Neben selbstgefertigten Wollsachen enthielten die Päckchen Zigarren, Nähzeug, Lebkuchen oder Seifenstücke. Ludwig III. bedachte jeden Angehörigen seiner Regimenter mit Weihnachtsgaben, Marie Therese bereitete oft stundenlang Feldpostpakete vor. Prinz Franz berichtete seinem Vater Ludwig III. von der Front, *»welch große Freude«* dessen Weihnachtssendungen verursachten, und *»zwar weniger deshalb, weil es den Leuten nicht gut geht, denn sie erhalten Liebesgaben in unglaublicher Menge, sondern hauptsächlich deshalb, weil sie stolz darauf sind, von dir persönlich etwas zu bekommen«*.

THRON UND ALTAR

In den schweren Kriegszeiten suchten viele Bayern Halt in ihrer Religiosität. Kirche und Königshaus rückten im Verlauf des Krieges eng zusammen. In Predigten wurde wiederholt auf die christliche Legitimation des Königtums und die sich daraus ergebende Treueverpflichtung hingewiesen. In München hörte man es gerne, als die deutschen Bischöfe in einem Hirtenbrief erklärten: *»Seiner ganzen Vergangenheit treu, wird das katholische Volk alles zurückweisen, was auf einen Angriff gegen unsere Herrscherhäuser und unsere monarchische Staatsauffassung hinausläuft.«*

Ludwig partizipierte regelmäßig an wichtigen Kirchenfeierlichkeiten. So begleitete er, mit der Kerze in der Hand, die Fronleichnamsprozession unmittelbar hinter dem Traghimmel. Dieses Fest galt schon vor dem Krieg der Einheit und Versöhnung von Monarchie, Kirche und Bevölkerung in gemeinsamer öffentlicher Feier. Oberstzeremonienmeister Maximilian Graf von Moy wies auf den symbolischen Wert dieser Kirchenfeier hin: *»Wie in früheren ernsten Kriegszeiten, so ist auch heuer dieser öffentliche Bittgang besonders dazu ausersehen, um den Segen des Himmels für unsere Waffen zu erflehen.«*

Im katholischen Bayern hatte auch die Marienverehrung eine lange Tradition. So ragte seit 1636 eine Mariensäule an der Residenz auf, deren Sockel die Worte »Patrona Boiariae« zierten. Der tiefgläubige Ludwig III. ließ die Jungfrau Maria durch den Papst schließlich zur offiziellen Patronin der Bayern erklären. Benedikt XV. genehmigte auch den Antrag zur Abhaltung eines alljährlichen Festes zu ihren Ehren. Im Beisein der Majestäten feierte man dieses Kirchenfest, das sich rasch großer Beliebtheit erfreute, im Mai 1916 erstmalig. Auch wenn manche Beobachter die allzu augenscheinliche Verbindung von Religion, Patriotismus und dynastischem Glanz kritisierten, verfehlte das Fest nicht seine Wirkung. Die Augsburger Postzeitung feierte die Erhebung der Jungfrau Maria zur Patronin Bayerns als eine *»religiöse Großtat unseres allgeliebten Bayernkönigs Ludwig III. und unseres Heiligen Vaters, Papst Benedikt XV. Maria ist nun offiziell die Patrona Bavariae«*.

BAYERISCHE KRIEGSZIELE

Ungeachtet der Devise vom Verteidigungskrieg entstand eine lebhafte Diskussion um Annexionen und Sicherungen für die Zukunft. Auch Ludwig beharrte darauf, so lange Krieg zu führen, bis der Feind die Bedingungen annehme, die man ihm vorschreibe. Bereits zwei Wochen nach Kriegsbeginn meldete er bayerische Ansprüche an. Den preußischen Gesandten erinnerte er an den deutsch-französischen Krieg: *»So, wie im Jahre 1870 dürfe es aber nicht wieder gehen. […] Er habe nichts dagegen, dass Preußen sich vergrößere, aber Bayern müsse auch etwas bekommen.«* Spontan schlug er, dem man bereits früher großbayerische Träume nachgesagt hatte, die Aufteilung des Reichslandes Elsass-Lothringen vor. Bayern sollte das gesamte Elsass zugeschlagen werden. Zudem müsse *»Belgien verschwinden und die Rheinmündung deutsch werden«*.

Diesen Gedanken lagen wirtschaftliche Interessen zugrunde: Die elsässischen Salzvorkommen und Erdölquellen sowie die Verfügungsgewalt über das linke Ufer des Oberrheins waren von großem Nutzen. Belgien war interessant, weil der Besitz der Rheinmündung einen besseren Anschluss an den Weltmarkt ermöglichte. Um mit der industriellen Entwicklung Norddeutschlands mithalten zu können, mussten Kohle und andere Rohstoffe kostengünstig nach Süddeutschland befördert werden. Ludwigs Annexionspläne waren jedoch nicht besonders ausgefallen. Im Großen Hauptquartier und im Auswärtigen Amt schwelgte man ebenfalls in Eroberungsträumen.

Am 6. Juni 1915 machte Ludwig III. seine Pläne bei der 25. Generalversammlung des Bayerischen Kanalvereins in Fürth öffentlich: *»Als der Krieg ausbrach, da dachten wir, es werde ein Krieg auf kurze Zeit sein. Aber die Dinge gestalteten sich anders. Auf die Kriegserklärung Russlands folgte die Frankreichs und als dann auch noch die Engländer über uns herfielen, da habe ich gesagt: Ich freue mich darüber und ich freue mich deswegen, weil wir jetzt mit unseren Feinden Abrechnung halten können; und weil wir jetzt endlich [...] einen direkten Ausgang vom Rhein zum Meer bekommen.«* Er fuhr fort, dass eine *»Stärkung des Deutschen Reiches und eine Ausdehnung über seine Grenzen hinaus«* die Frucht dieses Kriegs sein sollten.

Der König erntete stürmischen Beifall, seine Rede zog jedoch erheblichen innenpolitischen Widerspruch nach sich. Durch seine klare Parteinahme hatte er sich angreifbar gemacht. Die Reichsleitung intervenierte, und die Äußerungen wurden lediglich in einer gekürzten Version veröffentlicht. Schließlich wurde der Presse die weitere Erörterung der königlichen Aussagen gänzlich untersagt. Die Folge der »Kanalrede« war eine weitere Verschärfung der Kriegszieldebatte. Bei den Anhängern eines Verständigungsfriedens, vor allem in der Arbeiterschaft, verspielte Ludwig viel Ansehen. Auf der anderen Seite fand er wohlwollende Unterstützung unter den Annexionisten. Eintausend deutsche Intellektuelle, darunter 136 Bayern, unterzeichneten 1915 eine annexionistische Denkschrift.

An seinem Grundgedanken, Annexionen dürften das staatliche Gefüge nicht zugunsten Preußens verschieben, hielt Ludwig III. fest. Seine Hauptsorge blieb, *»dass der Frieden so gestaltet wird, dass er wert ist der ungeheuren Opfer, die von uns gebracht wurden, und dass wir nicht bloß eine vollständige Sicherung unserer Grenzen, sondern auch einen Landgewinn erreichen«*. Dies schloss einen Verständigungsfrieden oder eine Rückkehr zum Status quo ante praktisch aus. Je nach Kriegslage und außenpolitischen Bedingungen variierte er den Forderungskatalog. Noch Anfang Juli 1918 beschied Ludwig III. seinem Bruder Leopold: »*Wie sich auch die Dinge entwickeln mögen, ich bin und bleibe der Meinung, dass nach Abschluss aller Kämpfe nicht nur Preußen, sondern auch Bayern einen Gebietszuwachs erhalten muss.*«

DRÄNGENDE REFORMFORDERUNGEN

Während des Krieges mobilisierte sich die Öffentlichkeit, was ab 1916 zu Streiks und Unruhen führte. Die russische Revolution und die Osterbotschaft des Kaisers, in der Verfassungsreformen in Preußen zugesagt wurden, führten zu einem Drängen nach raschen Umgestaltungen des Systems. Ludwig gab sich in dieser Frage reaktionär und zeigte keinerlei Bereitschaft zur Aufgabe der Herrschaftsrechte. Die im Reichstag geführte Diskussion betrachtete er mit Sorge. Dem Kaiser wurden unmissverständliche Grenzen gesetzt: Ludwig III. teilte Wilhelm II. mit, dass die Bundesfürsten die Osterbotschaft zwar billigten, aber weitergehenden Plänen absoluten Widerstand entgegensetzen würden. Der König sah den Einfluss Bayerns gefährdet und wollte anstelle des Reichstags vielmehr die Position der Bundesstaaten gestärkt sehen. Kronprinz Rupprecht befürchtete ebenfalls, dass eine Einführung des parlamentarischen Systems im Reich »*einer völligen Ausschaltung des ohnehin schon so geminderten Einflusses der einzelnen Bundesregierungen gleichkäme*«.

Im Herbst 1917 reichte die sozialdemokratische Fraktion in der bayerischen Abgeordnetenkammer einen spektakulären Antrag ein, der die Umwandlung Bayerns in eine parlamentarische Demokratie mit monarchischer Spitze forderte. Die SPD wollte dadurch erreichen, dass das Zentrum die Verantwortung gegenüber dem Ministerrat auf sich nahm. Der monarchischen Idee werde ein schlechter Dienst erwiesen, wenn der politische Fortschritt stets mit dem Hinweis auf ebendiese abgelehnt werde. Außer bei Teilen der Liberalen fand diese Forderung im bürgerlichen Parteienlager jedoch keine Unterstützung. Die Regierung ließ lediglich eine kurze Stellungnahme des Ministerratsvorsitzenden verlesen, der seine ablehnende Haltung betonte.

Die Forderungen nach einer Reform der Reichsratskammer war infolge des Kriegsausbruchs vertagt worden, erhielt aber 1917 wieder Aufwind. Der Ministerrat plädierte für eine Vergrößerung der Kammer, in der die Zahl der Prinzen verringert werden solle. Grundsätzlich bestand das Einverständnis des Monarchen. Widerstand kam seitens der Reichsratskammer selbst. Die Kammer der Abgeordneten diskutierte die Pläne der Regierung lebhaft, doch die Verhandlungen endeten ohne Kompromiss. Durch eine Verfassungsreform hätte die Monarchie ein Ventil für den zunehmenden öffentlichen Druck finden können. Trotz der Dringlichkeit lag aber bis in den Oktober 1918 hinein kein konkreter Vorschlag für auch nur eine der beiden Kammern vor.

ZAUDERN IN DER REICHSPOLITIK

Hatte sich Ludwig III. im Rahmen der Kriegszieldebatte allzu offensiv eingebracht, so hielt er sich auf anderen Feldern zunehmend zurück und scheute den offenen Konflikt mit Preußen sowie den Reichsstellen. Zudem erodierten die politischen Machtverhältnisse dramatisch, was am Aufstieg der Obersten Heeresleitung unter den populären Generälen Hindenburg und Ludendorff sowie an den selbstbewussten Forderungen des Reichstags deutlich wird. Kronprinz Rupprecht klagte noch kurz vor Kriegsende: »*Wenn nur die deutschen Fürsten oder wenigstens Könige und Großherzöge öfters zu Besprechungen sich vereinigen würden, das Volk erwartete das von Ihnen und begann, da sie sich so wenig regten oder vielmehr hervortraten, an ihnen zu verzweifeln!*«

Im Umfeld des Königs mangelte es nicht an Initiativen, die eine stärkere Einmischung in Reichsangelegenheiten forderten. Die Prinzen Rupprecht und Franz ersuchten den Vater fortwährend um ein stärkeres Engagement. Im Mai 1917 kursierte eine Denkschrift des bayerischen Reichsrats Freiherr von Würtzburg: »*Bayerns König ist der Senior der deutschen Bundesfürsten. Er hat seinen politischen Weitblick und seine gut deutsche Gesinnung oft genug bewiesen. Der bayerische Thronfolger ist der Führer einer der größten Heeresgruppen, Bayern hat acht Armeekorps ins Feld gestellt. […] Diese Umstände bedeuten eine*

Stärkung des Rechts, aber auch der Pflicht Bayerns zur Einwirkung auf die Reichspolitik.«

Trotz seiner Skepsis gegenüber der Reichspolitik fand Ludwig III. jedoch kaum Wege, auf diese nachhaltig einzuwirken. Dazu kam seine notorische Unentschlossenheit. Kabinettschef Dandl klagte, es sei sehr mühsam, mit dem König zusammenzuarbeiten, der nie zu einem Entschluss käme und die einfachsten Vorlagen oft tagelang unerledigt liegen ließ. Der Kronprinz bemängelte bereits früh, dass sein Vater, *»selbst schon ein betagter Herr, [...] nur von greisen Ratgebern umgeben sei«*. Rupprecht warnte Hertling eindringlich, man werfe der bayerischen Regierung vor, *»dass sie sich alles von Berlin gefallen ließe und die Meinung gewinnt immer mehr Anhänger, dass [...] unsere Regierung nichts weiter sei, als ein überflüssiger kostspieliger Ballast«*.

Als die innenpolitische Krise im Kaiserreich im Sommer 1917 eskalierte, wagte Ludwig nicht, in die Querelen zwischen Reichsleitung, Reichstag und Heeresleitung einzugreifen. Im Reichstag hatten sich Abgeordnete von MSPD, Zentrum und liberaler Fortschrittspartei in einem »Interfraktionellen Ausschuss« zusammengetan, den Willen zu einem Verständigungsfrieden bekundet und demokratische Reformen gefordert. Schließlich stürzte Reichskanzler Theobald von Bethmann Hollweg. Sein Nachfolger Georg Michaelis konnte sich gegenüber der Heeresleitung und dem Reichstag nur wenige Monate halten.

Noch einmal schien sich für Ludwig III. eine Chance zu ergeben, größeren Einfluss zu erlangen: Nach dem erzwungenen Rücktritt Michaelis' fiel die Wahl des Nachfolgers auf den bayerischen Ministerratsvorsitzenden Georg von Hertling. Der enge Vertraute des Königs war zuvor vom Gesandten Lerchenfeld in Berlin ins Gespräch gebracht worden. Der 74-jährige Hertling akzeptierte am 1. November 1917 das vom Kaiser gemachte Angebot des Reichskanzleramtes und des Amtes des preußischen Ministerpräsidenten. Letztlich gab dabei der Zuspruch Ludwigs den Ausschlag. Er hatte seinen leitenden Staatsminister *»dringend gebeten«*, sich der ihm angetragenen Aufgabe *»zum Wohle des Reiches«* nicht zu entziehen.

Hinweise auf einen Auftrag Ludwigs an Hertling, etwa in der Kriegszielfrage, gibt es nicht. Er konnte aber sicher sein, dass dieser als Reichskanzler nicht gegen bayerische Interessen handeln würde. In München wurde indes Kabinettschef von Dandl Regierungschef. Ludwig äußerte sich hoffnungsfroh: *»Es hat mich sehr gefreut, dass [...] Seine Exzellenz [Otto von Dandl] sich zur Übernahme der Nachfolgerschaft entschlossen hat. Ich zweifle nicht, dass [er] seine Pflicht tun wird, namentlich auch zum Besten des bayerischen Vaterlandes.«*

Doch die bayerischen Aspirationen wurden rasch enttäuscht. Vor allem gegenüber der Obersten Heeresleitung vermochte sich Hertling nicht durchzusetzen. Der positive Eindruck, den er unter den Reichstagsfraktionen erweckt hatte, konnte nicht darüber hinwegtäuschen, dass er ein Gegner der Parlamentarisierung war. Die auf ihn gesetzten Friedenshoffnungen verflogen ebenso schnell. Auch der bayerische Regierungschef Dandl wurde seiner Aufgabe nicht gerecht. Weder gelang es ihm, die innenpolitischen Fronten zu überbrücken, noch die bayerische Stellung im Reich zu stärken. Ludwig selbst fühlte sich nicht mehr zuständig, in nationale Belange einzugreifen, sofern dabei nicht bayerische Interessen berührt wurden. Die Verantwortung für Versäumnisse suchte er bei der Heeres- und der Reichsleitung. Etliche Male dokumentierte die Königstochter Wiltrud diesbezügliche Zornesausbrüche ihres Vaters. Der unschlüssige König vermied es mehr und mehr, Entscheidungen zu treffen und diese öffentlich zu vertreten.

»Wir haben nur Berechtigung,
wenn wir das Volk für uns haben,
wenn wir sozial empfinden und sozial handeln.«
KRONPRINZ RUPPRECHT VON BAYERN

9 Zusammenbruch und Revolution

DIE STIMMUNGSKRISE

In Bayern war ein großer Teil der Bevölkerung durch den sich totalisierenden Krieg betroffen. Zunehmend wurde die Stimmungslage fataler. Der Historiker Karl Alexander von Müller wandte sich infolge eines Urlaubs, den er in Oberbayern verbracht hatte, im August 1916 besorgt an Hertling: *»Weniges in diesem Weltkrieg war mir erschütternder, als die Stimmung, die ich unter diesen kernbayerischen, bisher grundkonservativ und königstreu gesinnten Bauern angetroffen habe. Sie äußert sich, in erschreckendem Umfang, unverhohlen in der Öffentlichkeit, im Gasthaus, auf der Straße, in der Bahn, wie in persönlichem Gespräch.«* In einem geheimen Stimmungsbericht warnte das Kriegsministerium im Juli 1917, dass die Lage in den Städten als *»Müdigkeit«* zu bezeichnen sei, die Berichte vom Land sprächen hingegen von *»Trostlosigkeit«*. Die Öffentlichkeit beginne, die Hauptschuld an der Fortdauer des Krieges nicht beim Feind, sondern bei der eigenen Regierung zu suchen.

Ende Januar 1918 kam es in mehreren bayerischen Städten zu Arbeitsniederlegungen. Deren Ursachen lagen in den ergebnislosen Reformbestrebungen, der Lebensmittelkrise und den enttäuschten Hoffnungen auf einen Verhandlungsfrieden. In München versuchte Kurt Eisner, der radikale Führer der bayerischen USPD, den Ausstand zu einem unbefristeten Generalstreik auszudehnen. Seine Verhaftung und die anderer Streikführer bannten diese Gefahr. Daraufhin war es der gemäßigten Münchner SPD möglich, sich an die Spitze des Protests zu setzen und diesen ruhig zu Ende zu führen. Eine Aussprache zwischen Streikendenvertretern und der Staatsregierung erzielte zusätzliche Beruhigung. Allerdings kam es nun darauf an, ob man sich mit freundlichen Zusagen an die Arbeitervertreter begnügte, oder ob wenigstens einige der politischen Forderungen in die Tat umgesetzt würden.

DAS SCHEITERN DER SYMBOLPOLITIK

Die Bevölkerung erwartete von Ludwig III. spätestens ab 1917 nicht mehr nur Verständnis und Vertrauenswürdigkeit, sondern konkrete innen-, sozial- und außenpolitische Erfolge. Anhaltende Fehlschläge in der Ernährungspolitik, der Friedensfrage und auf dem Gebiet der Verfassungsreformen wurden für die Monarchie existenzbedrohend. In all diesen Bereichen wurde Ludwig zu spät oder gar nicht aktiv. Zu seinem Autoritätsverlust trug auch seine eindeutige Haltung zur Kriegszielfrage bei. Die schwindende Glaubwürdigkeit der Monarchie lag zudem daran, dass seine Durchhalteappelle keine Selbstkritik erkennen ließen. Wenngleich seine Einflussmöglichkeiten im komplizierten Geflecht von Reichsmonarchie, Bundesstaaten, Reichs- und Heeresleitung, bayerischer Staatsregierung und Parlament begrenzt waren, erwartete die Bevölkerung zumindest aktiven Einsatz.

Die bewährten Formen der Herrschaftsrepräsentation funktionierten nicht mehr, was an der Goldenen Hochzeit des Königspaars im Februar 1918 deutlich wird: Ludwig ordnete inmitten der Januarstreiks ein prunkvolles fünftägiges Fest an. Kriegsminister von Hellingrath empfand es als *»politisch wenig klug, ein Gepränge zu entwickeln, das so gar nicht in den Ernst der Zeit passte«*. Als vor der Residenz ein Standkonzert stattfand, wurde die Missbilligung der Bevölkerung überdeutlich. Hellingrath befand, es habe nicht die übliche Begeisterung geherrscht, *»lautlos die schwarze Menge, das schwache Hoch einiger Gesinnungstüchtiger fand nirgends leises Echo, manch böses Wort mag wohl da unten gefallen sein«*.

Die Feierlichkeiten zum Namenstag des Königs im August 1918 zeigen, dass die Bevölkerung einen neuen Hoffnungsträger gefunden hatte. Kronprinz Rupprecht berichtet dazu in seinem Tagebuch: *»Die Verstimmung gegen meinen Vater macht sich durch die [...] auffallend geringe Beflaggung der Häuser erkennt-*

lich, sowie die geringe Beteiligung an der abendlichen Serenade, bei der gewissermaßen demonstrativ nach dem Hoch auf meinen Vater auch ein Hoch auf mich ausgebracht wurde, was mir umso peinlicher war, als im Volke allgemein davon gesprochen wird, dass mein Vater nach dem Kriege zu meinen Gunsten abdanken müsse.« Es spricht einiges dafür, dass ein solcher Schritt, wenn er rechtzeitig erfolgt wäre, eine weitere Eskalation verhindert hätte. Nur gelangte die Frage nach dem »richtigen« König von Bayern nicht mehr auf die Agenda.

Gedenkmünze zur Goldenen Hochzeit des bayerischen Königspaares im Jahr 1918.

Das vor dem Krieg begonnene Experiment der konstitutionell-repräsentativen Bürgermonarchie war damit praktisch gescheitert. Dass es zu einer Revolution kommen musste, war jedoch nicht zwangsläufig. In einem privaten Gespräch hatte der weitsichtige Kronprinz den Weg zu einer Neuinterpretation des Königtums gewiesen: *»Wir haben nur Berechtigung, wenn wir das Volk für uns haben, wenn wir sozial empfinden und sozial handeln.«* Als überzeugter Legitimationsstifter einer parlamentarischen Monarchie hätte auch Ludwig zweifellos Erfolg haben können. Er versäumte es jedoch, trotz der von ihm gesuchten Nähe zum städtischen Bürgertum, zur ländlichen Bevölkerung sowie zu den Soldaten den epochalen Umgestaltungen des Weltkrieges mit reformerischer Konsequenz zu begegnen. Die Zeichen der Zeit erkannte er viel zu spät.

MILITÄRISCHER ZUSAMMENBRUCH

Der Sieg im Osten schien für 1918 eine strategische Chance im Westen zu bieten. Die Frühjahrsoffensive in Frankreich, das größte militärische Einzelunternehmen der Geschichte, sollte die Entente zum Frieden zwingen. Das deutsche Westheer wurde auf etwa vier Millionen Mann verstärkt. Rupprecht wunderte sich über die optimistischen Erwartungen und warnte seinen Vater Anfang Februar 1918, dass man für einen Durchbruch dennoch weit mehr Soldaten benötige: *»Selbst wenn alle Ost-Truppen für den Westen verfügbar würden, wäre hiermit ein ausschlaggebender Erfolg im Westen noch keineswegs völlig sicher gestellt.«* Der König verschloss sich hingegen zunehmend den Realitäten. Bezüglich des bevorstehenden Eingreifens der Vereinigten Staaten auf dem europäischen Kriegsschauplatz bedeutete er seinem Sohn, *»die Amerikaner hätten in Europa nichts zu schaffen«*. Nach erheblichen Mühen gelang es dem Kronprinzen, ihm in *»mehr denn einer Hinsicht die Augen zu öffnen«*. Eine Einmischung seines Vaters bei der Heeresleitung oder beim Kaiser erwartete er angesichts dessen *»Energielosigkeit«* aber nicht.

In den Monaten März bis Mai 1918 erzielten mehrere deutsche Großangriffe erhebliche Geländegewinne. Schließlich gerieten die Angriffe jedoch ins Stocken. Die alliierte Front konnte nicht durchbrochen werden und die taktischen Erfolge änderten nichts an der strategischen Lage. Das Zeitfenster schloss sich, während die Heeresleitung weiter ihre Offensivpolitik verfolgte. Der letzte deutsche Vorstoß verpuffte Mitte Juli fast wirkungslos. Was folgte, war ein alliierter Gegenangriff, der binnen Tagen zu dramatischen deutschen Geländeverlusten führte. Im August 1918 begann nach der Westfront auch die Ostfront zusammenzubrechen, nachdem die Entente von Archangelsk aus einen Vormarsch startete. Das Kaiserreich war am Ende seiner Ressourcen und konnte die Verluste weder qualitativ noch quantitativ ersetzen. Dies führte zu einer dramatischen Zuspitzung der politischen Lage.

Bayerisch-preußische Verstimmungen

Der Krieg wurde angesichts schwindender Siegeschancen sowohl von den bayerischen Soldaten als auch in der bayerischen Bevölkerung zunehmend als preußische Angelegenheit betrachtet. Nationale Deutungsmuster verloren rapide an Überzeugungskraft, während partikularistische

Strömungen immer mehr an Bedeutung gewannen. In einer Denkschrift des bayerischen Kriegsministeriums im Sommer 1918 heißt es: »*Der Gegensatz zwischen Preußen und Bayern [...] hat in neuerer Zeit eine derartige Vertiefung erfahren, dass eine weitere Verschärfung die Fortentwicklung des Deutschen Reiches und die Interessen der Landesverteidigung ernsthaft gefährden müsste.*« Ursächlich dafür seien die »*zentralistischen Bestrebungen [...], welche das Deutsche Reich in einen unter überwiegender preußischer Zentralgewalt stehenden Staat mit erheblich gekürzten politischen Rechten der süddeutschen Völker und Dynastien umzuwandeln wünschen*«. Die Bevölkerung sei überzeugt, dass Bayern benachteiligt werde.

Eine demonstrative Geste des bayerischen Herrscherhauses gegenüber Preußen blieb angesichts der durch Ludwig III. beschworenen Bündnistreue aus. Zunehmend wurde – ausgerechnet (!) – ihm »Preußenfreundlichkeit« zum Vorwurf gemacht. Dabei teilte die bayerische Königsfamilie die antipreußische Attitüde der Bevölkerung. Rupprecht notierte gegen Kriegsende: *Armes Bayern, das so zu büßen hat für Preußens Fehler!*« Seine Schwester Wiltrud stellte fest, es sei täglich dringlicher, »*dass Papa etwas öffentlich sagen sollte, dass er zu den Preußen nicht so gut stehe, wie man dummerweise in München meint*«. Die Königin prophezeite gar: »*Ihr werdet sehen, Bayern wird noch von Preußen gefressen.*« Prinz Franz drückte privat aus, »*das populärste wäre jetzt ein Krieg gegen die Preußen – natürlich darf man das nicht*«.

KEIN FRIEDE IN SICHT

Mit der Idee des Siegfriedens hatten sich die Spitzen des Reiches einem Paradigma unterworfen, das zu einer Belastung erwuchs. Sobald der Krieg nicht mehr zu gewinnen war, musste der Konsens des Durchhaltens zusammenbrechen. Der Standpunkt des Königs von Bayern, dass der Frieden die Opfer aufwiegen müsse, blieb jedoch bestehen. Kronprinz Rupprecht gewann bereits früh die Überzeugung, dass der Krieg militärisch nicht zu gewinnen und es geboten sei, einen Frieden ohne Annexionen zu schließen. Ludwig hingegen war, wie der Kronprinz im Mai 1916 feststellte, *»allzu optimistischer Ansicht und steht noch immer auf dem Standpunkte, den auch ich in Verkennung der tatsächlichen Verhältnisse bis zum Sommer 1915 vertrat«*. Er machte für die Fehleinschätzungen des Vaters vor allem dessen Umfeld verantwortlich: *»Wenn er nur einen jüngeren Minister zur Seite hätte, denn Graf Hertling ist infolge seines Alters und zunehmender Arterienverkalkung nicht mehr im Stande, seinen so wichtigen Posten auszufüllen.«*

Ludwig III. bedauerte noch im August 1918, dass auch das verstrichene Jahr keinen Frieden gebracht hatte. Für ihn kam ein Verständigungsfriede nach wie vor nicht in Betracht. Somit galt es, *»weiterzukämpfen, alle Mühsale und Entbehrungen auch fernerhin auf uns zu nehmen in der sicheren Zuversicht, dass Gott unsere gerechte Sache zum Siege führen wird«*. Dahinter wurde das Dilemma offenbar, dass die Mittel der Diplomatie im sich totalisierenden Krieg versagten. Die Radikalisierung der Kriegführung, die beispiellosen Opfer an Menschen und Material, die Mobilisierung aller verfügbaren Ressourcen und die Aufstachelung nationaler Leidenschaften schränkten die Handlungsspielräume stark ein. So wuchs in allen kriegführenden Staaten die Neigung, den Krieg bis zum Zusammenbruch der Gegner auszukämpfen. Keine der Mächte war bereit, zum labilen Status quo ante zurückzukehren, solange die Hoffnung auf eine Verbesserung der militärischen Lage bestand.

Die bayerische Staatsregierung setzte sich, wenn auch spät, für eine Friedensinitiative ein. Dandl drängte Ludwig III. im August 1918, es sei höchste Zeit, bei der Reichsleitung auf einen Friedensschluss hinzuwirken. Die militärische Lage könne sich nur noch verschlechtern. Der Monarch, der kurz zuvor noch in Eroberungsträumen geschwelgt hatte, gab schließlich nach. Dandl reiste am 2. September 1918 nach Berlin, wo er den Mitgliedern des Auswärtigen Ausschusses den Ernst der Lage darlegte. Er kam zum alarmierenden Schluss, dass es um den Fortbestand der Monarchie gehe. Obwohl er vom Reichskanzler entschiedene Schritte einforderte, vertröstete ihn dieser mit vagen Beschwichtigungen. Der bayerische Kronprinz reagierte entsetzt: *»Welch kläglicher Standpunkt für einen Reichskanzler!«*

DIE AKUTE MONARCHIEKRISE

Der Krieg wurde Ende September 1918 verloren gegeben. Als Voraussetzung für Friedensverhandlungen wurde die Revolution von oben beschlossen: Am 30. September unterschrieb der Kaiser einen Erlass, in dem der Rücktritt von Reichskanzler Hertling bekanntgegeben und der Wunsch geäußert wurde, *»dass Männer, die vom Vertrauen des Volkes getragen sind, in weiterem Umfang teilnehmen an den Rechten und Pflichten der Regierung«*. Wilhelm II. betonte gegenüber Ludwig III., er trenne sich *»sehr schweren Herzens«* von seinem Reichskanzler. Der König bedauerte Hertlings Rücktritt *»auf das Lebhafteste«*. Als Nachfolger wurde der badische Thronfolger Prinz Max mit der undankbaren Aufgabe betraut, den Frieden anzubahnen. Noch in der Nacht zum 4. Oktober ging ein deutsches Waffenstillstandsangebot an den amerikanischen Präsidenten Wilson ab.

Dieser schraubte seine Forderungen allerdings schrittweise nach oben. Waren zunächst das amerikanische 14-Punkte-Programm vom Januar 1918 sowie eine Räumung der besetzten Gebiete die Verhandlungsgrundlage, forderte Wilson nun eine Abkehr von der Macht, die *»bis jetzt das Schicksal der deutschen Nation bestimmt«* habe. In seiner dritten Note vom 23. Oktober stellte er klar, dass es keine Verhandlungen mit den *»militaristischen Beherrschern und monarchischen Autokraten Deutschlands«* geben könne. Damit stellte der Präsident nicht nur die Heeresleitung, sondern auch die Monarchie zur Disposition. Nachdem Erstere die amerikanischen Forderungen mit einem eigenmächtigen Aufruf zum Widerstand beantwortet hatte, kam es am 26. Oktober zur Entlassung Ludendorffs. Die Reichstagsmehrheit verabschiedete am gleichen Tag die so genannten »Oktoberreformen«. Diese fügten der Reichsverfassung die Bestimmung hinzu, dass der Kanzler das Vertrauen des Reichstags benötige, und unterstellten die Kommandogewalt der parlamentarischen Kontrolle. Durch die Verfassungsreformen näherte sich das Kaiserreich somit dem Modell der westlichen Demokratien an.

Zunehmend wurden Forderungen nach der Abdankung Wilhelms II. laut, in dem das größte Friedenshindernis gesehen wurde. Reichskanzler Max von Baden fragte vorsichtig bei den Bundesfürsten an, wie sie sich in diesem Fall verhalten würden. In der Reichshauptstadt kursierte die Idee, entweder einen anderen Bundesfürsten zum Kaiser zu küren oder einen Reichsverweser einzusetzen. Wie der bayerische Gesandte Lerchenfeld berichtete, wurde neben Prinz Max von Baden auch Ludwig III. als potentieller Reichsverweser ins Spiel gebracht. Ebenfalls wurde erwogen, dass die Souveräne der drei außerpreußischen Königreiche gemeinsam die Regentschaft im Reich übernehmen könnten. Bei all diesen Planspielen um die Kaiserkrone darf nicht vergessen werden, dass auch die Bundesfürsten ihr symbolisches Kapital mittlerweile weitgehend verspielt hatten. Eine Abdankung des Kaisers war zudem noch immer nicht in Sicht.

Die Bundesfürsten rangen sich zu keiner Initiative zur Rettung der Monarchie durch. Kronprinz Rupprecht drängte seinen Vater zur Verantwortung: *»Könntest du nicht den Kaiser aufsuchen und ihn zu einem Entschlusse bewegen?«* Am 2. November befand er: *»Es ist Zeit, dass die deutschen Fürsten sich gemeinschaftlich an den Kaiser wenden, um ihm die Abdankung nahezulegen, sowie es den Anschein gewinnt, dass ein Waffenstillstand anders nicht zu erreichen ist.«* Regierungschef Dandl war hingegen der Ansicht, man könne es Ludwig nicht zumuten, die Initiative zu ergreifen, da *»Rücksichten auf monarchische Empfindungen«* im Spiel seien und das bayerisch-preußische Verhältnis aufs Schärfste belastet würde. Eine kaiserliche Abdikation war für die übrigen Fürstenhäuser ohnehin nicht ungefährlich. Prinzessin Wiltrud ahnte: *»In Deutschland fordert man immer mehr die Abdankung des Deutschen Kaisers und Kronprinzen. Was noch alles werden wird, vielleicht sind wir auch in einiger Zeit abgesetzt?«*

PARLAMENTARISIERUNG IN BAYERN

Das Schicksal Ludwigs III. war untrennbar verbunden mit jenem seines vor der Niederlage stehenden Staates. Nach den Oktoberreformen auf Reichsebene musste nun auch in Bayern schnellstmöglich eine Parlamentarisierung erfolgen. Zugleich mehrten sich Stimmen, die für den Abschluss eines bayerischen Sonderfriedens plädierten. Rupprecht warnte seinen Vater eindringlich, es sei *»unbedingt nötig, sofort und zu jedem Preise Frieden zu schließen«*. Die bayerische Regierung unternahm jedoch keine Schritte in diese Richtung. Dandl äußerte sich hingegen aufgeschlossen gegenüber der Einführung des Verhältniswahlrechts und des parlamentarischen Regierungssystems. Die Staatsregierung versuchte in letzter Minute, *»eine Zusammenfassung aller Parteien herbeizuführen, um ohne Schwierigkeiten im Parlament die Überleitung zu ermöglichen. Für das Staatswohl und die Monarchie sei es von hohem Belange, dass unter dem Volk kein Zwiespalt herrsche.«* Trotz der steigenden Gefahr eines Umsturzes dauerten die Verhandlungen mit dem Landtag bis zum 2. November an. An diesem Tag wurde in Bayern durch eine königliche Verordnung das parlamentarische Regierungssystem eingeführt.

In einem Handschreiben bezeichnete Ludwig III. die Beteiligung des Volkes an der Regierung als sicherste Gewähr für die Führung der Staatsgeschäfte. Zugleich wurden Gesetzentwürfe zur Einführung des Verhältniswahlrechts, zu einer Entmachtung der Reichsratskammer und andere Verfassungsreformen angekündigt. Künftig sollten nur Minister ernannt werden, die das Vertrauen des Landtags besaßen. Die sozialdemokratische »Münchner Post« feierte die Reformpläne gar als Beginn einer neuen Ära, die Bayern zum demokratischsten und freiesten Staat des Reiches machen werde. Der USPD gingen die Zugeständnisse jedoch nicht weit genug. Alles sollte rasch umgesetzt werden: Die Abgeordnetenkammer sollte über den Gesetzentwurf am 6. November abstimmen, die Reichsratskammer am 8. November.

In der Sitzung des Staatsrates am 4. November betonte der König, dass, auch wenn der Krieg *»ein so schlechtes Ende«*

nehme, Bayerns Heer sich ruhmreich geschlagen habe. Er äußerte, dass *»die unglückselige Politik, die schon vor dem Krieg seitens der Reichsleitung geführt worden ist, und noch mehr die Oberste Heeresleitung, die keinen Maßstab hatte für die Grenzen der eigenen Kräfte«*, die Schuld an der Niederlage trage. Dennoch müsse gesagt werden, *»dass in Bayern nicht gegen die Mehrheit des Parlaments und nicht gegen den Willen des Volkes regiert«* worden sei. Nun bestehe die Aufgabe jedoch darin, *»die Ruhe im Land aufrecht zu erhalten und Friedensbedingungen zu erzielen, die möglichst wenig drückend sind«*. Die Erkenntnis der Maßlosigkeit der Kriegführung wie auch das Bekenntnis zum parlamentarischen Regierungssystem kamen überraschend, da Ludwig keinen geringen Anteil an den beklagten Zuständen hatte. Ob diese Parlamentarisierung die Monarchie retten können würde, war zu diesem Zeitpunkt bereits zweifelhaft.

DIE MONARCHIE AM ABGRUND

Der Kredit des Königs war Ende Oktober 1918 aufgebraucht, seine Hoheitsgewalt wurde öffentlich in Frage gestellt. Sein Ansehen war so weit verfallen, dass vor der Residenz Demonstrationszüge nach seiner Entthronung riefen. Wiltrud notierte: *»Wir leben in täglicher Spannung, ja Aufregung, und unter fast ständigem Druck.«* Ludwig hatte sich zwar der Parlamentarisierung nicht verweigert, jedoch blieb der Frieden noch immer aus. Er hätte dem Kaiser schon ein Ultimatum zum Rückzug stellen müssen, in dem er sich andernfalls nicht mehr an die Versailler Verträge gebunden fühlte. Nur so hätte er sich für einen bayerischen Sonderfrieden einsetzen können. Dazu war er allerdings nicht bereit.

Nach der Kapitulation Österreichs waren auch die bayerischen Landesgrenzen in Gefahr. Für deren Schutz wurde die Verlegung des II. bayerischen Armeekorps nach München genehmigt, um ins benachbarte Tirol vorzurücken. Am 5. November begann die Besetzung des Jaufenpasses und der Franzenfeste. Wenngleich der Einmarsch mit Zustimmung der Obersten Heeresleitung und der Reichsleitung erfolgte, so war er vor allem ein bayerisches Unterfangen. In München stellte gleichzeitig die Angst vor feindlichen Luftangriffen eine große Sorge dar. So verstärkte die militärische Bedrohung Südbayerns die Forderung nach Frieden.

Aus einer Friedenskundgebung heraus wagte USPD-Führer Eisner am 7. November 1918 den Staatsstreich. Geschätzte 40 000 bis 60 000 Menschen kamen am Nachmittag auf der Theresienwiese zusammen – die größte politische Massenkundgebung, die München je erlebt hatte. Der sozialdemokratische Sprecher Auer versicherte jedoch gegenüber Regierungschef Dandl, von Eisner gehe keine Gefahr aus: *»Reden sie doch nicht immer von Eisner! Eisner ist erledigt. [...] Wir haben unsere Leute in der Hand. Ich gehe selbst mit dem Umzug. Es geschieht gar nichts.«* An die Veranstaltung schloss sich ein Demonstrationsmarsch zum Friedensengel an. Mit einer anwachsenden Anhängerschar machte sich Eisner daran, die Münchner Kasernen handstreichartig zu stürmen.

Die königliche Familie unterschätzte die Eskalation des 7. November. Ludwig schrieb noch hoffnungsvoll an seinen Sohn Franz: *»Selbstverständlich geschieht von hier aus Alles, um möglichst bald zum Frieden zu kommen. Es ist dies schon der inneren Lage wegen dringend geboten.«* Der König befand sich während der aus dem Ruder laufenden Friedensdemonstration auf einem Spaziergang im Englischen Garten. Hinter dem Monopteros traf er auf seine Töchter Wiltrud und Helmtrud. Nachdem sich diese wieder verabschiedet hatten, wurden sie von einem Schutzmann aufgehalten und gedrängt, sicherheitshalber nach Hause zu gehen. Einer Anekdote zufolge warnte ein Passant den König mit den Worten *»Majestät, genga S' hoam, Revolution is!«* Der König kehrte jedenfalls eilends in die Residenz zurück. Während die Prinzessinnen besorgt auf ihren Vater warteten, hörten sie die Rufe: *»Der Kaiser soll abdanken! Nieder mit Wilhelm! Nieder mit dem Haus Wittelsbach! Nieder mit der Dynastie! Nieder mit dem Haus Habsburg!«* Dazwischen ertönten die Ausrufe *»Kronprinz Rupprecht soll leben! Nieder mit Ludwig!«*, bevor die Forderung nach einer Republik laut wurde.

Vor der Residenz drängten sich wenig später tausende Demonstranten. Inwiefern die Ereignisse ernst zu nehmen waren, schien indes nicht klar. Thomas Mann hielt in seinem Tagebuch fest: *»Rote Fahnen, ein Soldat auf den Schultern der Leute, der an verschiedenen Stellen ›Reden‹ gehalten [hatte]. Rufe: ›Nieder mit der Dynastie!‹ ›Republik!‹ Albernes Pack! [...] Sonderbare, zweideutig ungewisse Stimmung in der Stadt, bei klarem, feuchtem Sternenhimmel. Revolutionär, aber friedlich und festlich. [...] Der Sinn des Ganzen scheint hauptsächlich partikularistisch, respektive antikaiserlich [...] soweit es überhaupt Sinn hat und nicht ›Faschingsersatz‹ ist.«* Die Soldaten der Residenzwache wurden nach einiger Zeit zum Abzug gedrängt, woraufhin der Kriegsminister das Standrecht verhängte. Einige Mitglieder der Königsfamilie beobachteten die Szenerie von den Fenstern der Residenz aus, während der König bei zugezogenen Vorhängen resigniert mit dem Schicksal haderte.

In erster Linie handelte es sich am 7. November 1918 um eine Friedensdemonstration. Die Aktion wendete sich jedoch auch gegen jene, die für die Verlängerung des Krieges standen. Das bayerische Herrscherhaus sollte den Volkszorn spüren und einen Denkzettel verpasst bekommen. Eine Besetzung des Schlosses oder gar die Arretierung der königlichen Familie scheint jedoch nicht erwogen worden zu sein. Innerhalb weniger Stunden setzte Eisner dennoch eine Bewegung in Gang, die das politische System zum Einsturz bringen sollte – noch bevor andernorts im Reich Vergleichbares geschah.

Am Abend erschienen Regierungschef Dandl und Innenminister Brettreich beim König und drängten ihn zum Rückzug aus München. Zuvor hatte die Regierung in einer Krisensitzung die Lage analysiert: *»Da nach den vorliegenden polizeilichen Meldungen damit gerechnet werden muss, dass die Revolutionäre in der Nacht außer den Ministerien auch die Residenz besetzen und den König sowie die kranke Königin behelligen und versuchen werden, den ersteren zur Abdankung zu zwingen, waren alle Minister der Ansicht, dass der König mit seiner nächsten Familie vorerst bis zur Klärung der Lage München verlasse.«*

Unzweifelhaft waren etliche anderen Optionen denkbar, die aber nicht vorgeschlagen, vielleicht nicht einmal erwogen worden waren. Ludwig hätte zum bewaffneten Kampf aufrufen oder eine Delegation der Demonstranten empfangen können. Es lag noch immer allein in seiner Befugnis, seine gescheiterten Staatsminister zu entlassen und populäre Alternativkandidaten zu ernennen. Er wäre in der Lage gewesen, von der Residenz aus eine Ansprache zu halten, in der er reumütig Versäumnisse zugeben und Besserung geloben hätte können. Schließlich hätte er einen Thronverzicht zugunsten seines weithin geschätzten Sohnes Rupprecht verkünden oder gar dem Kaiser öffentlich die Gefolgschaft aufkündigen können. All diese Möglichkeiten wurden aber von Ludwig III. nicht wahrgenommen.

Einer Reaktion auf die Münchner Massendemonstrationen wich der 73-Jährige aus, anstatt das Schicksal der Monarchie couragiert in die Hand zu nehmen. Diese stürzte also, indem ihr Träger resignierte. Sein extremer Ansehensverlust hatte ihn sprachlos, kraftlos und teilnahmslos gemacht. Am Abend überstürzten sich in München die Ereignisse. Gegen 20 Uhr waren die Kasernen, der Hauptbahnhof, das Telegrafenamt und die Regierungsbauten durch Revolutionäre besetzt. Später am Abend wurde im Mathäserbräu ein Arbeiter- und Soldatenrat gebildet. Das Kriegsministerium, das Generalkommando und die Stadtkommandantur wurden ohne Widerstand eingenommen. Abschließend wurden die Redaktionen der bürgerlichen Presse Münchens besetzt.

Nachdem im königlichen Marstall eilig drei Automobile fahrbereit gemacht worden waren, machte sich die königliche Familie auf den Weg in Richtung Chiemsee. Über die goldenen Kronen am großen Königswagen wurden kurzerhand die grauen Handschuhe der Prinzessin Wiltrud gestülpt. Das Fahrzeug, in dem sich die Prinzessinnen befanden, kam im dichten Nebel in der Gegend von Rosenheim von der Straße ab. Wenig später landete der Wagen mit dem Königspaar ebenfalls in einer morastigen Wiese. Erst am frühen Morgen erreichte man Schloss Wildenwart. Ludwig III. sah in der Abreise aus München aller-

Die Novemberrevolution in Deutschland

In den Mittagsstunden des 9. November 1918 spielte auch Wilhelm II. mit dem Gedanken, als Kaiser abzudanken. Über diese Überlegungen war die Entwicklung aber längst hinweggeschritten. Am Morgen waren alle Berliner Großbetriebe in den Generalstreik eingetreten. Ein Demonstrationszug mit bewaffneten Arbeitern an der Spitze zog in Richtung Regierungsviertel und erhielt von den Soldaten der meuternden Berliner Garnison Unterstützung. Die Sozialdemokraten traten vormittags aus der Regierung des Prinzen Max aus. Wilhelm II. erwog im Großen Hauptquartier gar die Option eines Bürgerkrieges. Nachdem aber der Chef der Operationsabteilung ihm klargemacht hatte, dass das unausführbar sei, wurde die Idee wieder verworfen. Eigenmächtig ließ Reichskanzler Prinz Max die Meldung vom Thronverzicht des Kaisers und Königs verbreiten. Gleichzeitig wollte der Kanzler *»noch so lange im Amte [bleiben], bis die mit der Abdankung des Kaisers, dem Thronverzicht des Kronprinzen des Deutschen Reiches und von Preußen und der Einsetzung der Regentschaft verbundenen Fragen geregelt sind«*.

Als seinen Nachfolger schlug er den Sozialdemokraten Friedrich Ebert vor, der von einem noch zu bestimmenden Regenten eingesetzt werden sollte. Zudem forderte Prinz Max die *»Vorlage eines Gesetzentwurfs wegen der sofortigen Ausschreibung allgemeiner Wahlen für die verfassungsgebende deutsche Nationalversammlung«*, der es obliege, *»die künftige Staatsform des deutschen Volkes«* endgültig festzustellen. Doch diese formal verfassungsgemäßen Anordnungen wurden ignoriert. Nachmittags proklamierte Eberts Parteikollege Philipp Scheidemann von einem Fenster des Reichstagsgebäudes die Republik und beendete damit die monarchische Verfasstheit des Reiches. Die übrigen Bundesfürsten wurden bis Ende November zum Verzicht auf die Regierung und mehrheitlich zur formellen Abdankung gezwungen.

dings keineswegs eine Flucht ohne Wiederkehr, sondern eine vorübergehende Sicherheitsmaßnahme.

Da der Staatsstreich auf erstaunliche Akzeptanz stieß, rief Kurt Eisner am 8. November die Republik aus. In der Provinz wiederholte sich die Revolution ohne Schwierigkeiten. Bei der ländlichen Bevölkerung überwog die Furcht vor Unruhen. In einem Bericht an die Regierung von Schwaben hieß es, man habe nur den *»übereinstimmenden und aufrichtigen Wunsch, es möchten Ruhe und Ordnung aufrecht erhalten und die Bevölkerung von Störungen ihrer friedlichen Tätigkeit verschont bleiben«*.

Das vorwiegend königstreue Bürgertum leistete keinen Widerstand, wenngleich kritisiert wurde, dass die Regierung verfassungswidrig gestürzt worden war. Eine militärische Intervention war ebenso aussichtslos. Der Kriegsminister versuchte zwar, eine in Landsberg am Lech stationierte Division zur Wiederherstellung der Ordnung zu mobilisieren – dies endete jedoch in einer Meuterei. Niemand war gewillt, einen Bürgerkrieg zu riskieren. Die christlichen Gewerkschaften, selbst die katholische Kirche und die Richtungsgewerkschaften der Beamtenschaft arrangierten sich in der Folgezeit zumindest teilweise mit der Revolution. Das Kriegsende erwies sich als lähmende Erfahrung.

DIE ENTBINDUNG VOM TREUEID

Als in Wildenwart am 8. November die Nachricht eintraf, dass Vertreter der revolutionären Regierung auf dem Weg seien, um den König zum formellen Thronverzicht zu veranlassen, wurde die Flucht fortgesetzt. Ludwig und Marie Therese fuhren über Prien am Chiemsee nach Hintersee im Berchtesgadener Land, wo sie in einem Jagdhaus Unterschupf fanden. Wenig später ging die Flucht nach Schloss Anif bei Salzburg weiter. Am 11. November 1918 unterzeichnete der Reichstagsabgeordnete Erzberger in einem Eisenbahnwaggon im Wald von Compiègne ein Waffenstillstandsabkommen. Der Erste Weltkrieg war damit für das Deutsche Reich beendet. Das Königreich Bayern hatte die traurige Bilanz von knapp 200 000 Gefallenen und über 430 000 Verwundeten zu beklagen.

Die bayerische Revolutionsregierung ließ eine formelle Abdankungsurkunde vorbereiten, die Ludwig unterzeichnen sollte. Am 12. November wurde der flüchtige König in einer dramatischen Besprechung vom abgesetzten Regierungschef Dandl überzeugt, dass es kein Zurück gebe. Einen Thronverzicht unterschrieb er nicht, aber er gab stattdessen eine persönliche Erklärung ab: Da er sich *»infolge der Ereignisse der letzten Tage nicht mehr in der Lage«* sah, die Regierung weiterzuführen, stellte er allen Beamten, Offizieren und Soldaten *»die Weiterarbeit unter den gegebenen Verhältnissen frei«* und entband sie ihres Treueides. Ludwig wollte damit laut seiner Tochter Helmtrud *»Chaos und Blutvergießen«* vermeiden. Zumindest entzog er sich einer bedingungslosen Abdankung. Dandl teilte später mit, Ludwig habe erst unterzeichnet, als man ihm gesagt hatte, *»wenn jemals wieder ein König nach Bayern kommen sollte, wird es nie Ludwig III., sondern nur Rupprecht sein«*.

Um vollendete Tatsachen zu schaffen, veröffentlichte die Revolutionsregierung die Proklamation am 14. November zusammen mit einer Erklärung. Den Thronverzicht nehme man zur Kenntnis. Es stehe dem ehemaligen König und seiner Familie nichts im Wege, *»sich wie jeder andere Staatsbürger frei und unangetastet in Bayern zu bewegen, sofern er und seine Angehörigen sich verbürgen, nichts gegen den Bestand des Volksstaates Bayern zu unternehmen«*. Ungeachtet ihrer revolutionären Machtergreifung fand die Regierung Eisner zunehmend Anerkennung als legitime Staatsgewalt, während die Entthronung Ludwigs III. als unumkehrbar betrachtet wurde. Dies lag vor allem an der schmählichen Art und Weise, wie das alte System untergegangen war. Die königliche Flucht aus München wurde zu einer Fahnenflucht umgedeutet.

IM EXIL

Ludwig siedelte mit seiner Familie Mitte November 1918 nach Bayern zurück. Drei Monate lang blieb er in Schloss Wildenwart am Chiemsee. Der abgesetzte Monarch hoffte bis zu seinem Lebensende auf eine Rückkehr auf den Thron. Er schrieb seinem Bruder im März 1920: *»Die Hauptsache scheint mir zu sein, dass das*

Königliche Haus fest zusammenhält und keine Sonderinteressen aufkommen lässt und vor allem, dass jedes Mitglied sich tadellos verhält, sodass, wenn eine Wiederherstellung des früheren Zustandes eintreten würde, alle Rechte des Hauses gewahrt blieben und jeder Angehöriger desselben einen fleckenlosen Schild aufweisen könnte.«

Prinzessin Therese, die Schwester des Königs, empfand die Vorgänge als überaus traurig: *»Nach einer so urewigen Zusammengehörigkeit von Volk und der aus dem Volk erwachsenen Dynastie ist die gemachte Erfahrung wohl eine bittere.«* Ludwig tat ihr *»gar so leid«*, da dieser herausgerissen wurde *»aus all seinen Interessen, aus den geistigen Kreisen, in denen er verkehrte, und so ohne Beschäftigung bleiben muss«*. Nun sei ihr Bruder, *»der rechtmäßige König, welcher zum Regieren vorbereitet und geeignet war wie wenige, des Regierens beraubt [...]. Es dreht einem das Herz um, an all das zu denken.«* Die persönliche Tragödie des Herrscherhauses empfand Therese in einem Brief an Marie Therese als grausam: *»Und welcher Undank des Volkes gegen ihn, der nur für sein Land gearbeitet hat, gegen dich, die du dich all die Jahre geopfert und ermüdet hast, vielleicht übermüdet hast, in Tätigkeit im Roten Kreuz, in Sendung für Feldsoldaten, die Töchter, die jede an ihrem Posten in Verwundetenpflege und sonstiger Kriegsbetätigung ausgeharrt haben, endlich die Söhne, welche tapfer ihrer Soldatenpflicht gefolgt sind.«*

Die Ex-Königin war zu diesem Zeitpunkt bereits schwerkrank. Am 2. Februar 1919 verstarb sie im Beisein ihres Gatten und ihrer Kinder Rupprecht, Maria, Adelgunde, Franz, Wiltrud und Gundelinde. Marie Therese wurde in aller Stille in der Schlosskapelle von Wildenwart beigesetzt und sollte dort ruhen, bis eine Überführung nach München möglich würde. Der Volksstaat Bayern nahm offiziell keine Notiz von ihrem Ableben. Ihre Kammerfrau schrieb bewegt: *»Mit ihr starb die Seele des Hauses, nicht nur die Mutter ihrer Kinder, sondern auch unsere sorgende Landesmutter.«*

Zuvor hatten am 12. Januar 1919 Wahlen zum bayerischen Landtag stattgefunden. Für Eisners Regierung endeten diese in einer dramatischen Niederlage: Während seine USPD nur 2,5% der Stimmen erreichen konnte, wurde die aus dem Zen-

Massendemonstration auf der Theresienwiese infolge der Ermordung Kurt Eisners. – Fotografie, 1919.

trum hervorgegangene Bayerische Volkspartei mit 35% der Wählerstimmen stärkste Kraft im Parlament. Eisner versuchte daraufhin, die Einberufung des Landtags zu verzögern, während linke Gruppierungen den Landtag zu entmachten versuchten. Dies führte zu einem Aufflammen der Gewalt im gesamten Freistaat. Schließlich ließ Eisner das Parlament für den 21. Februar 1919 einberufen. Auf dem Weg zu dieser Versammlung wurde er vom jungen Leutnant Anton Graf von Arco auf Valley auf offener Straße erschossen. Im Landtag brach ein Tumult aus, in dessen Folge zwei Personen getötet wurden.

Die politische Lage war nun so brenzlig, dass die ehemalige Königsfamilie vor Übergriffen nicht sicher sein konnte. In Wildenwart erreichte den abgesetzten König am 23. Februar das Gerücht, dass Spartakisten auf dem Weg seien, um ihn zu verhaften. Ludwig floh noch am selben Tag nach Kufstein in Tirol. Als ein Kommandotrupp aus Rosenheim ihn festnehmen wollte, wurde dieser jedoch vom Grenzschutz zurückgeschlagen. Nach dem Aufenthalt in Kufstein setzte er sein Exil in Ötz im Ötztal, später in Liechtenstein und der Schweiz fort.

Aus der Ferne verfolgte er die chaotische Entwicklung in Bayern. Ein »Zentralrat der Bayerischen Republik« übernahm die vollziehende Gewalt. Am 7. April riefen radikale Elemente die Räterepublik aus und zwangen das Staatsministerium zur Flucht. Nur eine Woche nach Ausrufung einer Münchner Räterepublik wurde diese von Kommunisten gestürzt, die eine zweite, so genannte »Scheinräterepublik« unter Führung von USPD und Bauernbund konstituierten. Im April ging die »Scheinräterepublik« nach Straßenkämpfen in eine Räterepublik nach leninistischem Vorbild über. Das Ende kam, als Freikorps die »Rote Armee« der Räterepublik gemeinsam mit Truppen der Reichswehr in München blutig niederkämpften. Zwar war die unmittelbare Gefahr für den Ex-Monarchen Mitte Mai 1919 gebannt, er kehrte aber erst am 23. April 1920 nach Schloss Wildenwart zurück.

TOD UND BEISETZUNG

Ende September 1921 reiste Ludwig III. in die ungarische Tiefebene, um Zeit in seinen dortigen Besitzungen zu verbringen. Gesundheitlich war er seit längerem angeschlagen. Ein Jahr zuvor war Magenkrebs diagnostiziert worden, was später widerrufen wurde. Anfang Oktober verschlechterte sich sein Zustand. Seine älteste Tochter Adelgunde wurde ans Krankenbett gerufen, auch Kronprinz Rupprecht und andere Familienmitglieder kamen. Am Nachmittag des 18. Oktober 1921 verstarb Ludwig III. in Sárvár an Herzversagen.

Ludwig wurde, zusammen mit seiner zweieinhalb Jahre zuvor verstorbenen Gattin Marie Therese, unter großer öffentlicher Anteilnahme zu Grabe gelegt. Am 4. November trafen die sterblichen Überreste des vormaligen Königspaares in München ein, wo sie in der Ludwigskirche aufgebahrt wurden. Ludwigs Herz war zuvor entnommen worden, um in der Gnadenkapelle in Altötting beigesetzt zu werden. Rupprecht stand hinter den Särgen seiner Eltern, umgeben vom Rest der Familie. Zahllose Vereine, Veteranen, Offiziere, Beamte und Or-

Trauerzug für König Ludwig III. und Königin Marie Therese in München. – Fotografie, November 1921.

denskongregationen zogen an den Särgen vorüber. In der Frauenkirche wurden diese feierlich in der Wittelsbacher Familiengruft beigesetzt.

Der Trauergottesdienst wurde von Kardinal von Faulhaber gestaltet. Mit großem Pathos stilisierte dieser Ludwig III. zu einem Märtyrer und betonte: »*Könige von Volkes Gnaden sind keine Gnade für das Volk, und wo das Volk sein eigener König ist, wird es über kurz oder lang sein eigener Totengräber. […] König Ludwig war nicht König von Volkes Gnaden, die Gottesgnade aber bestand darin, dass er sein Königtum als Dienst am Wohle des Volkes auffasste und die Herrscherpflichten stärker betonte als die Herrscherrechte.*« Die bayerische Staatsregierung nahm vollzählig an der Beerdigung teil. Der Präsident des Landtags gab eine Erklärung ab, in der die Leistungen Ludwigs gewürdigt wurden. Dem vormaligen König dankte er für seinen Einsatz für den Föderalismus, den Handel, den Verkehr, die Landwirtschaft und für soziale Verbesserungen. Er habe »*ein persönlich gewiss unverdientes Schicksal*« erlitten. Mittlerweile schien fast alles vergessen, was ihm im Verlauf des Ersten Weltkriegs zum Vorwurf gemacht worden war.

Es kann nicht verwundern, dass in jenen Tagen Gerüchte um eine Wiederherstellung der Monarchie kursierten. Der Theologe Peter Dörfler formulierte direkt nach der Totenfeier: Wäre *»es an diesem Tag zu einer Volksabstimmung gekommen; die Mehrheit, eine bedeutende Mehrheit hätte gestimmt: Es lebe der König.«* Am Tag der Beisetzung seines Vaters erklärte Rupprecht öffentlich: *»Mein höchstseliger Vater hat den Kelch des Leidens bis zur Neige geleert. Nicht nur sah er sein auf das Beste des Landes gerichtetes Lebenswerk zerstört, er musste zu seinem Schmerz nach dem Zusammenbruch des Reiches auch noch die [...] Preisgabe von wesentlichen, für das Bestehen des bayerischen Staates unentbehrlichen Rechten erleben. Eingetreten in die Rechte meines Herrn Vaters und in treuem Bekenntnis zu meiner bayerischen und deutschen Heimat bin ich verpflichtet, dies festzustellen; das schulde ich der Überlieferung meines Hauses, der Geschichte und der Zukunft.«*

Die lange Tradition der bayerischen Monarchie und ihre tiefe Verankerung in Staat und Gesellschaft legen nahe, dass der Monarchismus eine einflussreiche politische Kraft hätte werden können. In der Tat waren – vor allem in Südbayern – weite Teile der Bevölkerung monarchisch gesinnt. In Nordbayern und der Pfalz war die Stimmung jedoch anders. Eine Restauration des Königtums durch den hochgeachteten vormaligen Kronprinzen Rupprecht blieb aus, da er befand, dass *»eine dahin abzielende Bewegung vom Volke aus erfolgen«* müsse. Ludwig III. – der volksnahe Monarch, der vom Volk gestürzt wurde – sollte der letzte König in der Geschichte Bayerns bleiben.

Zeittafel

1845 7. Januar: Prinz Ludwig kommt als ältester Sohn von Prz. Luitpold und Przin. Auguste in München zur Welt. 25. August: Ludwigs gleichnamiger Cousin (der spätere Kg. Ludwig II.) wird als erster Sohn des Kronprz. Maximilian und der Kronprzin. Marie von Bayern geboren.

1848 20. März: Kg. Ludwig I. dankt im Zuge der Märzrevolution und des Skandals um Lola Montez zugunsten Maximilians ab. Dieser regiert als Kg. Maximilian II.

1852 Die Familie des Prz. Luitpold zieht in den zweiten Stock des Wittelsbacher Palais in München.

1854 Prz. Luitpold erwirbt das Palais Leuchtenberg am Odeonsplatz.

1854/55 Przin. Auguste bereist mit ihren Kindern Ludwig, Leopold, Therese und Arnulf Italien und verbringt mit diesen fast ein halbes Jahr in Florenz.

1861 28. November: Ludwig und Leopold treten in die bayerische Armee ein.

1862 Februar: Ludwig und Leopold brechen zu einem Besuch ihres Onkels Otto, des Kg. von Griechenland, auf; kurz vor der Ankunft auf Korfu muss die Reise aufgrund von Unruhen abgebrochen werden. Prz. Ludwig immatrikuliert sich an der Ludwig-Maximilians-Universität (LMU). 24. Oktober: Kg. Otto I. wird abgesetzt.

1863 7. Januar: Prz. Ludwig erhält durch seinen Onkel Kg. Maximilian II. am Tag seines 18. Geburtstags den königlichen Hubertusorden verliehen. 23. Juni: Prz. Ludwig tritt in die bayerische Kammer der Reichsräte ein.

1864 10. März: Maximilian II. stirbt. Sein ältester Sohn besteigt 18-jährig als Kg. Ludwig II. den Thron. 26. April: Przin. Auguste von Bayern, Ehefrau des Prz. Luitpold und Mutter des späteren Kg. Ludwig III., stirbt im Alter von 39 Jahren.

1866 3. Juli: Die Schlacht von Königsgrätz entscheidet den Deutschen Krieg zugunsten des Königreichs Preußen. 25. Juli: Im Gefecht bei Helmstadt wird Prz. Ludwig durch einen Gewehrschuss schwer verletzt.

1867 16. Oktober: Prz. Ludwig verzichtet auf die griechische Thronfolge.

1868 20. Februar: Hochzeit des 23-jährigen Prz. Ludwig und der 19-jährigen Erzhzgin. Marie Therese von Österreich-Este in der Wiener Hofburg. 29. Februar: Kg. Ludwig I. stirbt.

Prz. Ludwig wird Ehrenpräsident des Zentralkomitees des Landwirtschaftlichen Vereins in Bayern.

1869 18. Mai: Geburt des ersten Sohnes des Prz. Ludwig und der Przin. Marie Therese, des späteren Kronprz. Rupprecht. Das Paar bekommt bis 1891 zwölf weitere Kinder.

1870 19. Juli: Beginn des Deutsch-Französischen Krieges. 23. November: Zusammenschluss Bayerns mit dem Norddeutschen Bund. 30. November: »Kaiserbrief« Ludwigs II. an Kg. Wilhelm I. von Preußen.

1871 18. Januar: Proklamation des Deutschen Reichs im Schloss von Versailles. 3. März: Reichstagskandidatur des Prz. Ludwig im Wahlkreis München II.

1872 Im Rahmen der 400-Jahr-Feier der LMU wird Prz. Ludwig die Ehrendoktorwürde verliehen.

1875 20. Januar: Ludwig erwirbt für seine Familie das landwirtschaftliche Gut und Schloss Leutstetten.

1886 9. Juni: Entmündigung Ludwigs II. und Übernahme der Regentschaft durch Prz. Luitpold von Bayern. 11. Juni: Festnahme Ludwigs II. auf Schloss Neuschwanstein. 13. Juni: Tod Kg. Ludwigs II. im Starnberger See.

1892 6. November: In Nürnberg wird auf Anregung des Prinzen Ludwig der »Verein zur Hebung der Fluss- und Kanalschifffahrt in Bayern« – kurz »Bayerischer Kanalverein« – gegründet.

1896 6. Juni: »Moskauer Vorfall«, bei dem Prz. Ludwig selbstbewusst die Stellung der deutschen Bundesfürsten verteidigt. Er wird Ehrenmitglied der Bayerischen Akademie der Wissenschaften.

1901 12. Januar: Die Technische Hochschule München verleiht Prz. Ludwig die Würde eines Doktors der technischen Wissenschaften.

1903 28. Juni: Gründungsversammlung des Deutschen Museums unter dem Vorsitz Prz. Ludwigs im Festsaal der Bayerischen Akademie der Wissenschaften in München.

1906 12. November: Grundsteinlegung des Deutschen Museums unter Anwesenheit des Kaisers, Luitpolds und Ludwigs.

1908 Das Münchner Messeareal wird mit den »Prinz-Ludwig-Hallen« eröffnet.

1910 Der Tierärztliche Hochschule München verleiht Ludwig die Ehrendoktorwürde.

1912 17. Juni: Einweihung des »Prinz-Ludwigs-Hafens« in Bamberg. 12. Dezember: Tod Luitpolds. Proklamation Prz. Ludwigs zum neuen Regenten.

1913 25. August: Jahrhundertgedenkfeier der Befreiungskriege in Kelheim. 5. November: Proklamation zur Beendigung der Regentschaft und Thronbesteigung als Ludwig III. 8. November: Eidesleistung im Thronsaal der Residenz. 12. November: Festgottesdienst in der Münchner Frauenkirche zum Anlass der Thronbesteigung.

1914 28. Juni: In Sarajewo fallen der österreichische Thronfolger Franz Ferdinand und seine Gattin einem Attentat zum Opfer. 31. Juli: Ludwig III. verkündigt für Bayern den Kriegszustand. 1. August: Kriegserklärung des Dt. Reichs an Russland. 3. August: Kriegserklärung des Dt. Reichs an Frankreich. 4. August: Kriegserklärung Englands an Deutschland. 20. August: Die bayerischen Truppen erzielen in Lothringen einen ersten Sieg.

1915 6. Juni: Ludwig III. macht in der »Kanalrede« seine Kriegsziele öffentlich. 17. Juli: Ludwig III. erhält in Nürnberg den Rang eines preußischen Generalfeldmarschalls. 15. August: Die Heeresgruppe Prinz Leopold erobert Warschau.

1916 14. Mai: Erstmalige Feier des durch den Vatikan genehmigten Festes »Patrona Bavariae«. 17./18. Juni: Erste größere Ernährungsunruhen auf dem Münchner Marienplatz. 21. Juni: Bildung eines Ernährungsbeirates durch den Kg. 5. August: Ludwig III. empfängt Befürworter des uneingeschränkten U-Boot-Krieges. 26. August: Prz. Leopold wird neuer Oberbefehlshaber der Ostfront. 28. August: Bildung der Heeresgruppe »Kronprinz von Bayern« an der Westfront. 11. Oktober: Tod des regierungsunfähigen Kg. Otto in Fürstenried. 8. November: Prz. Heinrich von Bayern fällt in Rumänien.

1917 6. April: Kriegserklärung der Vereinigten Staaten an das Dt. Reich. 1. November: Der bayerische Ministerratsvorsitzende Graf Hertling wird Reichskanzler. 7. November: Beginn der »Oktoberrevolution« in Russland.

1918 29.–31. Januar: Streikbewegung in den bayerischen Städten. 20. Februar: Feier zur Goldenen Hochzeit des bayerischen Königspaares. 26. Mai: Feier des 100. Jahrestags der bayerischen Verfassung. 3. Oktober: Waffenstillstandsgesuch des Reichskanzlers an die Ententemächte. 26. Oktober: Oktoberreformen im Dt. Reich. 2. November: Erlass Ludwigs III. zur Einführung der parlamentarischen Regierungsform. 7. November: Massendemonstration auf der Münchner Theresienwiese; Besetzung von Kasernen und

	Regierungsgebäuden; Flucht der königlichen Familie nach Wildenwart. 8. November: Proklamation des Freistaats Bayern und Absetzung der Dynastie. 9. November: Novemberrevolution im Dt. Reich. 13. November: Anifer Erklärung Ludwigs III., in der die bayerischen Beamten und Soldaten vom Treueid entbunden werden.
1919	3. Februar: Tod der Kgin. Marie Therese in Wildenwart. 21. Februar: Ermordung Kurt Eisners. 23. Februar: Flucht Ludwigs III. ins Ausland, wo er in Österreich, Liechtenstein und der Schweiz im Exil lebt.
1920	23. April: Rückkehr nach Wildenwart.
1921	28. September: Reise Ludwigs nach Ungarn. 18. Oktober: Tod Ludwigs III. in Sárvár. 5. November: Leichenzug und Beisetzung des letzten bayerischen Königspaares in der Münchner Frauenkirche.

Bildnachweis

akg-images: 22
Bayerische Staatsbibliothek, München: 140
Bildarchiv Preußischer Kulturbesitz: 28 (Albert) 92
Fotolia | teschum: 18
http://commons.wikimedia.org: 31, 37, 104 (Kilophot, Wien / Bauernfreund)
ma-shops.com: 125
Münchner Stadtbibliothek / Monacensia, F. Mon. 1883: 8
Münchner Stadtmuseum, Sammlung Graphik/Plakat/Gemälde: 53
Süddeutsche Zeitung Foto: 20, 34 (Scherl)
ullstein bild: 26
ullstein bild | Herbert Hoffmann: 63
ullstein bild | Photo12: 79
ullstein bild | Süddeutsche Zeitung Foto / Scherl: 70, 115
Verlagsarchiv: 11, 87, 89, 142

Umschlagmotive: *vorn:* Portraitaufnahme Ludwigs III., um 1913 (Verlagsarchiv); *hinten:* Ludwig III. im Ornat eines Großmeisters des St.-Georgs-Ritterordens, Gemälde von Walter Firle, um 1913 (Aufnahme: Münchner Stadtmuseum, Sammlung Graphik/Plakat/Gemälde)

Max I. Joseph v. Bayern
(1756–1825)
⚭ Auguste Wilhelmine v. Hessen-Darmstadt
(1765–96)

Ludwig I. v. Bayern
(1786–1868)
⚭ Therese v. Sachsen-Hildburghausen
(1792–1854)

Maximilian II.
(1811–64)
⚭ Przin. Marie
v. Preußen
(1825–89)

Otto I. v.
Griechenland
(1815–67)
⚭ Hzgin. Amalie
v. Oldenburg (1818–75)

Prinzreg. Luitpold v. Bayern
(1821–1912)
⚭ Auguste Ferdinande v. Österreich
(1825–64)

6 weitere Kinder

Ludwig II.
v. Bayern
(1845–86)

Otto I.
v. Bayern
(1848–1916)

LUDWIG III. V. BAYERN
(1845–1921)
⚭ Erzhzgin. Marie Therese
v. Österreich-Este
(1849–1919)

Leopold
(1846–1930)
⚭ Erzhzgin. Gisela
v. Österreich
(1856–1932)

Therese
(1850–1925)

Arnulf
(1852–1907)
⚭ Przin. Therese
v. u. z. Liechtenstein
(1850–1938)

Rupprecht
(1869–1955)

Maria
(1872–1954)
⚭ Hzg. Ferdinand
v. Kalabrien
(1869–1960)

Franz
(1875–1957)
⚭ Przin. Isabella
v. Croy
(1890–1982)

Wolfgang
(1879–95)

Notburga
(*/† 1883)

Helmtrud
(1886–1977)

Gundelinde
(1891–1983)
⚭ Gf. Johann Ge-
org v. Preysing-
Lichtenegg-Moos

Adelgunde (1870–1958) ⚭ Fst. Wilhelm v. Hohenzollern (1864–1927)

Karl (1874–1927)

Mathilde (1877–1906) ⚭ Prz. Ludwig Gaston v. Sachsen-Coburg u. Gotha (1870–1942)

Hildegard (1881–1948)

Wiltrud Marie Alix (1884–1975) ⚭ Hzg. Wilhelm II. v. Urach (1864–1928)

Dietlinde (1888–89)

⚭ (1) Hzgin. Marie Gabriele in Bayern (1878–1912)

- Luitpold (1901–14)
- Irmingard (1902–03)
- *Tochter* (*/† 1903)
- ***Albrecht*** (1905–96) ⚭ (1) Gfin. Maria v. Trakostjan (1904–69) ⚭ (2) Gfin. Marie v. Buzin (1921–83)
- Rudolf (1909–12)

⚭ (2) Przin. Antonia v. Luxemburg u. Nassau (1899–1954)

- Heinrich Franz Wilhelm (1922–58) ⚭ Anne Marie de Lustrac (1927–99)
- Irmingard Marie Josepha (1923–2010) ⚭ Ludwig v. Bayern (1913–2008)
- Editha Marie Gabrielle (1924–2013) ⚭ (1) Tito Tommaso Brunetti (1905–54) ⚭ (2) Prof. Gustav Schimert (1910–90)
- Hilda Hildegard Marie (1926–2002) ⚭ Juan de Loayza (1912–87)
- Gabriele Adelgunde Marie (* 1927) ⚭ Carl v. Croy (1914–2011)
- Sophie Marie Therese (* 1935) ⚭ Jean Engelbert (1921–2011)

Literatur

Albrecht, Dieter: Die Prinzregentenzeit 1886–1912/13. In: Handbuch der bayerischen Geschichte. Begründet von Max Spindler, neu hrsg. von *Alois Schmid*. Bd. IV: Das neue Bayern. Von 1800 bis zur Gegenwart. Teilband. 1: Staat und Politik. 2. Aufl. München, 2003. S. 394–413.

Albrecht, Dieter: Bayern im Ersten Weltkrieg 1914–1918. In: Handbuch der bayerischen Geschichte. Begründet von Max Spindler, neu hrsg. von *Alois Schmid*. Bd. IV: Das neue Bayern. Von 1800 bis zur Gegenwart. Teilband. 1: Staat und Politik. 2. Aufl. München, 2003. S. 413–438.

Albrecht, Willy: Landtag und Regierung in Bayern am Vorabend der Revolution von 1918. Studien zur gesellschaftlichen und staatlichen Entwicklung Deutschlands von 1912–1918. Berlin, 1968.

Aretin, Cajetan von: Die Erbschaft des Königs Otto von Bayern. Höfische Politik und Wittelsbacher Vermögensrechte 1916 bis 1923. München, 2006.

Arnswald, Verena von: Die Beendigung der Regentschaft in Bayern 1912–1913. In: Zeitschrift für Bayerische Landesgeschichte. Nr. 30. München, 1967. S. 859–893.

Ay, Karl-Ludwig: Die Entstehung einer Revolution. Die Volksstimmung in Bayern während des Ersten Weltkrieges. Berlin, 1968.

Beckenbauer, Alfons: Ludwig III. von Bayern. 1845–1921. Ein König auf der Suche nach seinem Volk. Regensburg, 1987.

Blessing, Werner K.: Der monarchische Kult, politische Loyalität und die Arbeiterbewegung im deutschen Kaiserreich. In: *Ritter, Gerhard A. (Hrsg.)*: Arbeiterkultur. Königstein, 1979. S. 185–208.

Blessing, Werner K.: Staat und Kirche in der Gesellschaft. Institutionelle Autorität und mentaler Wandel in Bayern während des 19. Jahrhunderts. Göttingen, 1982.

Bosl, Karl (Hrsg.): Bayern im Umbruch. Die Revolution von 1918, ihre Voraussetzungen, ihr Verlauf und ihre Folgen. München, 1969.

Bußmann, Hadumod: »Ich habe mich vor nichts im Leben gefürchtet«. Die ungewöhnliche Geschichte der Therese Prinzessin von Bayern. München, 2011.

Glaser, Hubert: Ludwig II. und Ludwig III. Kontraste und Kontinuitäten. In: Zeitschrift für bayerische Landesgeschichte 59. München, 1996. S. 1–14.

Glaser, Hubert: Ludwig III. König von Bayern. Skizze aus seiner Lebensgeschichte. Katalog zur Ausstellung in Wildenwart. Hrsg. von *Max Oppel*. Wildenwart, 1995.

Gollwitzer, Heinz: Fürst und Volk. Betrachtungen zur Selbstbehauptung des bayerischen Herrscherhauses im 19. und 20. Jahrhundert. In: Zeitschrift für Bayerische Landesgeschichte. Nr. 50. München, 1987. S. 723–748.

Hubensteiner, Benno: Bayerische Geschichte. Staat und Volk. Kunst und Kultur. München, 1980.

Janßen, Karl-Heinz: Macht und Verblendung. Kriegszielpolitik der deutschen Bundesstaaten 1914/18. Göttingen, 1963.

Kohlrausch, Martin: Der Monarch im Skandal. Die Logik der Massenmedien und die Transformation der wilhelminischen Monarchie. Berlin, 2005.

Körner, Hans-Michael: Geschichte des Königreichs Bayern. München, 2006.

Körner, Hans-Michael: König Ludwig III. von Bayern (1913–1918). In: *Schwaiger, Georg (Hrsg.)*: Christenleben im Wandel der Zeit. 2. Bd. München, 1987. S. 215–231.

Körner, Hans-Michael: Ludwig III. Totengräber der Monarchie? In: *Schmid, Alois (Hrsg.)*: Die Herrscher Bayerns. 25 historische Portraits von Tassilo III. bis Ludwig III. München, 2001. S. 376–388.

Körner, Hans-Michael; Körner, Ingrid (Hrsg.): Aus den Lebenserinnerungen von Leopold Prinz von Bayern (1846–1930). Regensburg, 1983.

Leutheusser, Ulrike; Rumschöttel, Hermann (Hrsg.): Prinzregent Luitpold von Bayern. Ein Wittelsbacher zwischen Tradition und Moderne. München, 2012.

Machtan, Lothar: Der erstaunlich lautlose Untergang von Monarchie und Bundesfürstentümern – ein Erklärungsangebot. In: *Gallus, Alexander (Hrsg.)*: Die vergessene Revolution von 1918/19. Göttingen, 2010. S. 39–56.

Machtan, Lothar: Die Abdankung. Wie Deutschlands gekrönte Häupter aus der Geschichte fielen. Berlin, 2008.

März, Stefan: Das Haus Wittelsbach im Ersten Weltkrieg. Chance und Zusammenbruch monarchischer Herrschaft. Regensburg, 2013.

Mergen, Simone: Monarchiejubiläen im 19. Jahrhundert. Die Entdeckung des historischen Jubiläums für den monarchischen Kult in Sachsen und Bayern. Leipzig, 2005.

Möckl, Karl: Die Prinzregentenzeit. In: *Bonk, Sigmund; Schmid, Peter (Hrsg.)*: Königreich Bayern. Facetten bayerischer Geschichte 1806–1919, Regensburg, 2005. S. 153–174.

Möckl, Karl: Die Prinzregentenzeit. Gesellschaft und Politik während der Ära des Prinzregenten Luitpold in Bayern. München, 1972.

Möckl, Karl: Hof und Hofgesellschaft in Bayern in der Prinzregentenzeit. In: *Werner, Karl Ferdinand (Hrsg.)*: Hof, Kultur und Politik im 19. Jahrhundert. Bonn, 1985. S. 183–235.

Murr, Karl Borromäus: Ludwig I. Königtum der Widersprüche. Regensburg, 2012.

Murr, Karl Borromäus: Treue im Zeichen des Krieges. Beobachtungen zu einem Leitmotiv bürgerlicher Identitätsstiftung im Königreich Bayern (1806–1918). In: *Buschmann, Nikolaus; Murr, Karl Borromäus (Hrsg.)*: Treue. Politische Loyalität und militärische Gefolgschaft in der Moderne. Göttingen, 2008. S. 110–149.

Schad, Martha: Bayerns Königinnen. München, 2005.

Spangenberg, Marcus: Ludwig II. Der andere König. Regensburg, 2011.

Ullrich, Volker: Die nervöse Großmacht. 1871–1918. Aufstieg und Untergang des deutschen Kaiserreichs. Frankfurt am Main, 2007.

Weigand, Katharina; Schuller, Florian; Zedler, Jörg (Hrsg.): Die Prinzregentenzeit – Abenddämmerung der bayerischen Monarchie? Regensburg, 2013.

Weigand, Katharina: Prinzregent Luitpold. Die Inszenierung der Volkstümlichkeit. In: *Schmid, Alois (Hrsg.)*: Die Herrscher Bayerns. 25 historische Portraits von Tassilo III. Bis Ludwig III. München, 2001. S. 359–375.

Weiß, Dieter J.: Kronprinz Rupprecht von Bayern. 1869–1955. Eine politische Biografie. Regensburg, 2007.

Bibliografische Information der Deutschen Nationalbibliothek
Die Deutsche Nationalbibliothek verzeichnet diese Publikation in der Deutschen Nationalbibliografie; detaillierte bibliografische Angaben sind im Internet über https://dnb.dnb.de abrufbar.

2., durchgesehene Auflage

ISBN 978-3-7917-2603-8

Gutenbergstraße 8 | 93051 Regensburg
Tel. 0941/920220 | verlag@pustet.de

Reihen-/Umschlaggestaltung und Layout: www.martinveicht.de
Satz: Vollnhals Fotosatz, Neustadt a. d. Donau
Druck und Bindung: Friedrich Pustet, Regensburg
Printed in Germany 2023

eISBN 978-3-7917-6033-9 (epub)

Unser gesamtes Programm finden Sie unter
www.verlag-pustet.de